片桐庸夫

横田喜三郎 1896-1993

現実主義的平和論の軌跡

藤原書店

まえがき

日本の自由主義的知識人のなかで注目に値する人物の一人である横田喜三郎（一八九六―一九九三）が、三〇歳代中頃から四〇歳代の中頃という人間としての成熟期を過ごした一九三〇年代の日本は、未曾有の国難に直面するなかで、第一次世界大戦後のワシントン体制を維持し、自由主義、平和主義に基づく国際協調路線を踏襲するのか、あるいはワシントン体制を排して東亜の盟主となるべくいわゆる自主外交と軍事的拡張策を展開するのか、大きな岐路に立たされていた。

国内では、米国のニューヨーク市ウォール街に端を発する世界経済恐慌の波及と東北地方の冷害による凶作などによる経済的窮状、それに伴う社会的動揺、それらに対処すべき政治家の現状打開能力の欠如や贈収賄事件による政治への信頼失墜などによってもたらされる政治への失望、社会的不安、「やるせない」という言葉に象徴される閉塞感に覆われていた。

対外的には、一九二八（昭和三）年六月に満州[1]の奉天[2]近郊において日本軍の手によって車上の父張作霖を爆殺された張学良が中華民国の抗日戦線に加わり、日本と敵対することを意思表示した易幟《えきし》によって、日本兵の大量の血と国幣によって獲得した日本の「聖地満州」の喪失に対する日本人の危機感が募った。それと並行するかのように、中国において排日・排日貨ナショナリズムが高揚すると同時に、中華民国の蔣介石総統による北伐の進捗による中国統一の動きが進むにつれて、日本の在華権益が危殆に瀕すると、やはり危機感が募った。

右の内外情勢の悪化を背景として、北一輝に代表される右翼に触発され、現状打破を模索した青年将校による五・一五事件や二・二六事件が発生し、満州では満州事変という軍の独断専行の幕が切って落とされ、軍部の台頭、発言力の強化、右傾化が進められた。また京大事件（滝川事件）に象徴されるように、言論に対する弾圧も次第に強化された。その後の日本は、満州国建国、国際連盟（以下、連盟という）脱退、そしてワシントン・ロンドン両海軍条約廃棄に示される自主外交の展開によって、次第に国際協調路線から逸脱し、国際的孤立を深めるとともに、現状打破勢力としての姿勢を鮮明にしていった。

そうした時勢の流れの中で、日本の自由主義的知識人の大勢は、抗するよりもむしろ迎合する、あるいは沈黙を守るといったひ弱さを露呈し、軍靴の音の高まるなかで軍への批判を控える、もしくは黙従した。また自らのエリート的性格からして従来から世論を軽視する姿勢にあったことから、世論に対する啓発活動を怠った。そのために世論の支持を得られず、軍の独走を抑える力となり得なかったことなど、戦後は批判ないしは揶揄の対象とされることになったのである。

本書で考察の対象とする横田は、国際法専攻の研究者であり、戦後には最高裁判所長官という要職にも任じられた。同時に、今日のように国際関係学や国際政治学という学問領域の確立前の時代に、国際協調主義、平和主義に基づいて外交や国際関係そして国際法の領域の時局問題について、権力におもねることなく、また自己の信念を曲げることなく雑誌や新聞という場を通じ、あるいは講演という機会を利用して自らの主張を行った。それは、今流にいえば、国際政治学や国際関係学の実証主義的な研究者のそれであったと評価してもさほど的外れではない。

但し、横田の啓発活動が、当時の知的風潮からしても広く国民を相手とするのではなく、主に知識人や学生を対象としたことを認めるにしても、自らの啓発活動の結果、右傾化した言論界や世論を中心に軍の行動を支持する動きが広がるなかで、自らは社会から白い目でみられるようになり、肩身の狭さを感じさせられ、孤立感に苛まれることになったこともあわせて認めなければならない。そのために、時には軍部、右翼団体、政治家、言論人そして新聞などからの非難攻撃に晒され、身の危険を感じたことも少なからずあった。それにもかかわらず、自らの学問や主張にあくまでも忠実であった。そうした意味で、横田は当時の日本の自由主義的知識人のなかでは数少ない存在であったといえる。

第一次世界大戦後の横田の基本姿勢は、世界大戦のもたらした未曾有の惨禍を背景として新しい国際的思潮となった自由主義、国際協調主義、平和主義、換言すればウッドロー・ウイルソン（Woodrow Wilson）流の新外交を具現するジュネーブ議定書、ロカルノ条約、不戦条約、連盟とその規約などを強く支持し、国際法学者にふさわしく戦争の違法化を進めること、国際紛争を戦争でなく、司法的手段を用いて平和裏に解決することを敢然と志向することにあった。

しかし、人類は不幸にも第二次世界大戦において第一次世界大戦を遥かに上回る惨禍を経験することになった。その第二次世界大戦が終わり、平和が回復すると、当初は国際連合（以下、国連という）の安全保障理事会（以下、安保理事会という）を中心とする国際秩序の維持、それに依拠した日本の安全保障や平和憲法といわれる日本国憲法、とりわけ第九条に対して過度ともいえるほど大きな期待を抱いた。しかし、冷戦の深刻化に伴い国連の安保理事会において米ソ両国の拒否権が頻繁に発動されるようになると、国連への期待を弱め、安保理事会の改革、及び日本の安全保障を地域もしくは特定の国との集団的安全保障に委ねる考え方に傾斜するようになる。

本書では、最初の作業として横田が自らの回想録、諸雑誌そして新聞紙上に掲載した多くの論文、評論そして論説記事などに依拠しつつ、横田の生い立ちを振り返り、横田の人となりを考察する。

次の作業として、以下の九つの課題について順次考察する。

①第一次世界大戦後の平和主義、自由主義的思潮が主流となった一九二〇年代の末から、そうした思潮が次第に失われ破局に向かう一九三〇年代、四〇年代という激しい変動期に、横田は満州事変の勃発直後から自衛の行動ではなく、侵略とみなし、軍部を批判したのか。

②アジア・モンロー主義を根拠あるいは正当性がないと主張したのか。

③ドイツとの接近を日本の安全保障に有益でなく、逆に世界大戦への道を不可避的に導くことになると反対したのか。

④リットン報告書を支持したのはなぜか。

⑤連盟脱退に反対したのはなぜか。

⑥とかく横田への批判も多い問題だが、戦後極東国際軍事裁判（東京裁判）を肯定したのはなぜか。

⑦戦後当初、天皇制の存置に反対したのはなぜか。

⑧戦後のサンフランシスコ講和条約の締結とその後の安全保障の在り方、とりわけ米ソ協調の時代から冷戦の時代へと移行する最中において、横田が国連に依拠する安全保障への期

待から米国との集団的安全保障重視へと立ち位置を変更したのはなぜか。

⑨憲法第九条は自衛権を否定せず、自衛隊は合憲であるとみたのはなぜか。砂川判決をよしとしたのはなぜか。

それらの考察を踏まえて、横田の安全保障観とは基本的にいかなるものであったのかを検討する。

戦後七〇年以上が経過し、二〇一九年四月には平成も改元される。戦後の冷戦が終焉してからも久しい。その間に、日本自体も日本をめぐる国際環境も大きく変容した。しかし、世界は混沌とし、東アジアも不安定であり、先行きも不透明である。そのために、戦後日本の安全保障体制の在り方も大きく問われている。そんな時代の渦中にあって、私たちが将来に向けて指針を求めるとすれば、それは歴史のほかにはないであろう。私たちは、横田の半世紀にわたる考察や主張から今後の日本の安全保障構想や憲法第九条の改正の是非についても示唆を得ねばならないと考える。それが本書において横田を取り上げた理由である。

最後に、横田に付きまとう問題にも若干触れたい。既に一部触れたように、横田は三〇年代から日本の敗戦に至る間に軍部からにらまれ、右翼からの嫌がらせを受け、身の危険を感じながら日々を過ごさざるを得なかった。雑誌論文を掲載しても読者に意図が伝わらないように伏せ字にされるといった言論の弾圧も受けた。それにもかかわらず、時の権力におもねり自説を曲げることもなく、言論活動を続けた。それについては一様に評価されている。

しかし、興味深いことは、戦後自由が回復され言論の自由も保障されるようになってからの横田の言動、とりわけ極東国際軍事裁判や天皇制の在り方に関する言動が保守論客から非難罵倒に近いまでに厳しく批判され、「カメレオン」的変節漢であると揶揄されたことである。それは、戦前の自由の失われた時代に自らの主義、主張を譲らず、姿勢を一貫させた横田からすると想像しにくく、また違和感さえ覚える。

そこで横田の戦後の言動がカメレオン的変節に満ちていたと酷評されてもやむを得ないものであったのか、戦後の米ソ協調体制や国連への期待を持てた時期から短期間に冷戦世界へと日本をめぐる国際環境が大きく変容する過程で、横田の主張は変節したのか。あるいはそれは変節ではなく変化であったのか。変化であった場合、横田の内面においては戦前からの一貫性が戦後にも認められるのか。認められるとしたら、横田の言説の背後にある一貫した価値観とはいかなるものであったのか。横田が目指すものがあったとしたら、それは何であったのか。以上についてもあわせて考察してみたい。

注

（1）黒龍江省、吉林省、遼寧省からなる中国東北部。一九〇五（明治三八）年九月のポーツマス講和条約により、日本がロシアから譲渡された。
（2）現瀋陽。
（3）中華民国の国旗である青天白日旗を掲げたこと。

横田喜三郎　1896–1993　目次

まえがき　I

第一章　生いたちと、安全保障観の形成　15

一　生いたち――志と姿勢の一貫性　16
二　安全保障観の基底　29
三　安全保障構想　39

第二章　時局評価――満州事変批判　49

一　「自衛」批判　50
二　太平洋問題調査会（IPR）第四回上海会議への出席　55
三　リットン報告書評価　61
四　アジア・モンロー主義批判　70
五　太平洋問題調査会（IPR）第五回バンフ会議への提案　80

第三章　戦争の危機と国際法の不完全性　95

一　国際連盟の没落？　96
二　試練の時　104
三　日中戦争と世界の危機　111

四　戦争による国際法の規定　114

第四章　戦後日本の安全保障論　121

一　国際連合による安全保障への期待　122
二　集団的自衛の客観的統制　127
三　戦争の違法化と交戦権の否認　133
四　日本国憲法の平和主義的性格　140

第五章　講和と安全保障　153

一　講和と国連加盟の連関　154
二　安全保障の本来の行き方　160
三　講和条約の規定　163
四　中立による安全保障論批判　167
五　外国軍隊の駐留と憲法　172
六　伊達判決と砂川判決　179

結びに代えて　191

［補　論］無条件降伏と国体　205

あとがき　231
参考資料　235
国際連盟規約／戦争放棄ニ関スル条約／戦争防止手段ノ助長ニ関スル一般条約／国際連合憲章／日本国憲法／サンフランシスコ平和条約／日本国とアメリカ合衆国との間の安全保障条約／日本国とアメリカ合衆国との間の相互協力及び安全保障条約
主な参照雑誌及び新聞　254
横田喜三郎年譜（1896–1993）　255
人名索引　264

横田喜三郎 1896–1993

——現実主義的平和論の軌跡

第一章　生いたちと、安全保障観の形成

一　生いたち――志と姿勢の一貫性

　後に『朝日新聞』によって「憲法の番人」[1]と評されることになる横田喜三郎は、国際法学者を志すことをめぐって、自分は「すでに高等学校のときから、外交官を志望し、外交や国際関係に特別の興味をもっていた。大学へ入ってからは、国際法をとくに勉強した。この点からみると、国際法学者になることは、偶然とばかりはいえないようである。目に見えない、なにか一筋の糸が通っているような気がする。途中で弁護士になろうとおもい、わき道にそれかけたが、その糸に引きもどされて、本来の行路でないにしても、それに近いところへ帰ってきたともいえる。人の運命というものは、ふしぎな、はかりがたいものである」[2]と振り返っている。

　確かに高等学校の時から外交官を志し、最終的には国際法学者に落ち着いたことに相違ない。だがその間の経緯をみると、横田のいうように一筋の糸というよりも、大きくは外れないながらも、蛇行しながら結果的には目的を達成したとみる方がより的を射ているようである。

　例えば、横田は現在の名古屋学院の前身で、キリスト教の教えに基づき、とりわけ敬神愛人をモットーと掲げる私立名古屋中学校の二年生に編入学した。それは、宗教的理由に基づくものではなく、単に公立でなく私立という理由から編入が可能であったからに過ぎない。かつ当時は海軍軍人を志し、四年生が終わる時に海軍兵学校を受験するつもりであったという。横田は、中学生なりに海軍軍人になるという人生のひとつの選択を行ったと回顧する。(3)

この選択に関して横田らしさがうかがえるのは、海軍軍人になるための海軍兵学校進学の理由が「文なしで行ける」(4)、つまり金銭の心配なく進学出来るという、生い立ちの過程で体得した少年の現実的姿勢と金銭感覚である。それは、父の岩田藤治郎を継いで呉服類の行商を生業としていた六歳年上の長兄藤一に、学費の件でこれ以上迷惑をかけたくないという、六人兄弟の三男の素直な気持ちを反映したものと思われる。横田(父の名字からもわかるように、養子縁組をするまでは岩田姓であった)自身も高等小学校を卒業後の一年間、長兄藤一の行商に同行して呉服などの荷物運びを手伝った経験からして、身につまされたのではないかと推察される。

一八九六(明治二九)年八月六日に横田の生まれた愛知県丹羽郡栄村赤童子《あかどうじ》大間(現在の愛知県江南市赤童子)は、一五、六軒ほどの家々からなる小さな集落で、子供たちは尋常小学校で学業を終えるのが常識であったという。横田自身も、高等小学校はともかく、中学校は別世界であり、最初から進学をあきらめていたという。ところが長兄の藤一が横田の行商に不熱心な態度やあまりの勉強好きの様子をみていて、行商には向いていないと判断していた。また腹膜炎を患い、たまたま家に戻っていた次兄の源一が、暇さえあれば勉強している横田の姿をみて、何とか勉強を続けさせてやりたいと思うようになったという。

そこで源一の考えたのが横田を寺に小僧として出すという案であった。そうすれば、中学校に進学させてもらえるし、場合によっては高校へも進学させてもらえると考えたからである。ところが寺に小僧として出すことには将来性が見出せないとの理由から賛成出来ない藤一が、中学校だけであれば自分が学資を出してやってもよいと突然いいだし、さらには父親の説得もしてくれたという。

思いもよらぬ長兄と次兄二人の弟への厚意により、横田は中学校進学への道が開けることになった。それは、横田にとっての人生最初の幸運といえることであり、また最初の転機ともなった。横田の学校の成績がよかったこともあって、二人の兄がそろって果たせなかった夢の実現、すなわちせめて弟だけでも中学校に進学させてやりたいと考えたのである。(5)

もう一つ、当時の横田は、海軍軍人となることを夢見ていた。一九〇四(明治三七)年の日露戦争の連戦連勝の報せが、小学生になったばかりの純朴な子供心にも強く響き、当時の軍人のまばゆい雄姿の記憶を鮮明に残していたことも強い誘因であったようである。その際になぜ陸軍でなく海軍を選択したかについては、本人の記憶にないという。だが世界を駆けまわりたいとの希望を抱いていたことを考えると、陸軍ではなく洗練度の高い容姿で海外に赴く機会の多い海軍を選択したことは自然であり、そういう意味で納得出来るものがある。(6)

横田は、実際に海軍兵学校の入学試験を中学校第五学年の七月に受験した。だが体格検査でつまずき、不合格となった。海軍兵学校では目の検査がやかましく、色の識別検査の時に識色カード二、三枚を見分けられなかった。つまり識色不全の結果、不合格となった模様である。海軍兵学校に進めなかった横田は、高等学校進学を志すようになった。それが、横田の人生にとっての二度目の転機となった。

問題は学資をどう工面するかであった。横田の場合には、経済的境遇からすれば高等商業学校や高等工業学校への進学が現実的な選択肢であった。学校は高等小学校までというのが常識であった母えい（結婚前の名前はこぎであったが、結婚すると名前を変える風習があったという）は、経済的理由から横田が、実業学校に進学し、その上で社会に出て働くことを望んでいた。[7] 横田自身は、小学生の時から成績が群を抜いていたことから、勉学を実業学校で終える気になれず、高等学校進学を強く望んでいた。但し、藤一に学資を出してもらうことは、中学校だけという約束であったことから、高等学校在学中は新聞配達をしながら勉学に励む苦学生となる覚悟をした。[8] 新聞配達自体は、学業への影響が少ないことから、当時の経済苦の学生が生計の糧を得るためには当たり前のことで、格別苦労することでも珍しいことでもなかった。蛇足だが、それは戦後でもしばらくの間は当てはまることであった。

中学校を卒業すると、横田は実際に新聞配達を始めている。朝四時頃に起床して下宿屋を出、一キロほど離れた新聞社（新聞販売店の間違いかと思われる）へ行って新聞を受け取り、一〇〇軒ほどの家に配達する。下宿屋に戻るのが六時半頃になるが、自分から進んで始めたことでもあり、それほど苦痛とは思わなかった。むしろそれで高等学校に行け、大学進学の望みも持てることから、早朝のまだ暗い道を小脇に新聞を抱えて走りながらも、心は希望に満ち明るかったという。(9)

だが実際には、わずか三カ月あまりで新聞配達をやめている。それは、横田の健康上の理由や精神的弱さが理由というわけではない。幸いにも藤一が学資を出すと約束してくれたことによる。当時の世間では、親ではなくて長兄が弟のために学資を出すことは「ごくごく当たり前のこと」(10)であったという。とはいえ、高等学校への進学者数が限られていたことから、高等学校への進学は自ずと大学への進学も視野に入ることになる。そうなると、高等学校と大学とであわせて六年間学費がかかることになる。そういう意味で、藤一にとっても一大決心を迫られることであったことや藤一が大変な弟思いであったことが伝わる。

それについては、苦学してもという弟の意気込みに藤一が打たれたこと、中学校時代の成績もよかったので一九〇八（明治四一）年に名古屋に開設されていた第八高等学校の第一部甲類（英法）に無試験で合格出来たように、弟の成績が予想外によかったことから、藤一が一肌脱いでやろうという気になったこと、その頃の家計からみて、学資についてもそれほど困難ではなかったことなど、いささか自分に都合よすぎると思えなくもないが、横田本人はそのように振り返っている。[11]

話が前後するが、横田が第八高等学校の第一部甲類を志望した理由は、将来外交官になりたいと考えたことによる。その理由については、はっきりした記憶がないとしながらも、英語が好きであったこと、ミッション・スクール系の中学校に在籍した関係で外国事情を聞く機会の多かったことが影響して外国のことに興味を抱き、いつか外国へ行ってみたいという憧れを抱くようになったことを挙げている。それもあって英語を重点的に勉強した。[12]

高等学校入学後も努力の甲斐あって成績はよく、卒業までの各学期、各学年で首席を続けることが出来た。それは、横田にいわせれば、いわゆる三流中学校から無試験で入学したことから、その名誉を汚してはならないという気持ちが大きな原動力として働いたからとのことである。[13]

高等学校の時代に、毛織物の輸出入会社である芝川商店名古屋支店長であった横田孝治郎の娘、当時高等女学校一年生だった静子の家庭教師となった。それが縁となり、横田は孝治郎とその妻のぶに乞われて、一九二三（大正一二）年一二月に静子と大阪で結婚することになる。横田二七歳、東京帝国大学法学部助手、静子一八歳の時のことである。次いで翌二四（大正一三）年三月に養子縁組し、姓を正式に岩田から横田と改めた。それについて横田は、名古屋では第八高等学校は、一番の秀才の集まる学校として、また将来は大学へ進学する者としてあこがれの的であり、その生徒というだけで最も信用があったからという。さらに横田が第八高等学校創立以来の最高の成績の学生という話が横田家に伝わり、それで静子の両親が自分のことを随分と信用したらしいとも述べている。但し、養子に関しては、気持ちがわからなくもないが、長兄の藤一が最後まで反対したとのことである。(14)

一九一八(大正七)年四月、その年の東京帝国大学法学部政治学科には、たまたま志願者が少なかったため無試験合格した。大学入学後も二年生の頃までは外交官を志した。そのために一年生の時からつまらないと思った講義には欠席し、下宿で外交官試験の受験に向けて国際法、国際私法、外交史といった科目や英語を中心に勉強した。つまり、二年生の時から既に外交官試験の受験態勢に入っていたことになる。そのために、扉ページがカール・ドゥ・マルテンス(Carl de Martens)の「国際法の考究必しも練達の外交家を成す能はざるは、猶修辞学の考究必しも秀逸の雄辯家を成す能はざるがごとし」で始まる、国際法学者信夫淳平の『外交新論』(大鐙閣、一九一八年)を愛読したという。(15)

一年生の時の成績は、履修した憲法、刑法、民法第一部、国際法第一部、経済学の五科目すべてが優であった。なかでも、後に天皇機関説問題で同じく東京帝国大学の憲法学者美濃部達吉と激しい論争を展開することになる上杉愼吉の憲法の試験で、優を取ったことが非常に嬉しかったという。理由は、上杉の海外出張という事情から憲法の試験が通常の試験日程よりも三カ月ほど早く行われることになったが、本試験が大学進学後初めての試験となりとても緊張したこと、上杉の採点が厳しくなかなか優が取れないという評判であったことによる(16)。

その成績が二年生の時には優四つ、良二つと、一年次と比較して少しだけ下がった。それは、学年末試験直前の一九二一(大正一〇)年三月に五四歳の母えいが脳梗塞を再発して亡くなったため、愛知の実家に帰郷したことが響いたようである(17)。

さて横田の外交官志望の件であるが、二年生の学年末頃に諦めている。理由は、外交官として成功するには経済力がないといけないとの噂を耳にしたことにある。

外交官に代わって志望したのは、弁護士であった。理由は、将来政治家を志そうとし、そのためには弁護士になって成功することが近道と考えたからである。そうなると、学科転科の必要性が生まれる。外交官になるには政治学科が適しているが、弁護士になるには法律学科の方が有利であった。当時は、法律学科を卒業すると弁護士試験免除で弁護士になることが出来たからである。また法律学科は、英法科、独法科、仏法科に分かれていたが、英法科は無試験で転科出来たが授業時間が長く、難しいとの評判であったこと、そんな理由からドイツ語を二週間ほどにわか勉強して試験を受け、独法科へ転科することにした(18)。

ところが三年生の秋に友人とともに海事法学の世界的権威と評された同大教授の松波仁一郎

の家を訪ね、弁護士になることについて意見を伺ったところ、松波は予想外にもあまり賛成しなかった。しかも、当時の横田にとっては重要な問題であったが、弁護士というものははじめのうちは生活費を稼ぐことも容易でないといわれた。その話を聞いて、横田は自分の将来について迷い始めたという。(19) 以上から、この当時の横田は、金銭の問題や目的達成の難易性といった現実的考慮から自分の進路の選択を考えていたことが分かる。

そうした折の翌年の初め頃に、横田は偶然友人から国際法教授の立作太郎《たちさくたろう》が後継者を探しているとの話を耳にした。立が国際法の講義の最中に学生に向かって教室内の学生や彼らの友人のなかに国際法を研究する者はいないかといった。その時に横田自身は教室にいなかったが、友人からその話を聞いて国際法を研究してみる気になったのだ。高等学校の時に外交官を志し、外交や国際関係にもそれなりの興味を持っており、大学進学後は、国際法を勉強したから、国際法を専門的に研究してみるのもよいと思ったのである。(20)

二月に入って、横田は当時五反田に居を構えていた立を訪ねている。横田は、立に友人から聞いた話をし、国際法を研究したいとの気持ちを伝え、用意していった成績表をみせた。すると、立がその成績に感心したのか、にわかに乗り気になり、その成績であれば研究助手に間違いなくなれ、やがては助教授にも教授にもなれると思うから、しっかり国際法の勉強をするようにといったという。横田は、立の家から帰る時にはもうすっかりその気になっていたと書き残している。[21]それが、横田自身の語るところによれば、大きな人生の転機となった。

だが横田は別の機会にこうもいっている。国際法の助手になろうと思った時も、正直いって本当に学問そのものに興味を持っていたわけではなかった。外交官になることにも弁護士になることにも、なんとなく迷いを感じていた時に、偶然に国際法の研究者が求められていると聞いて、なんとなくそれに応じたというのが本当のところである。高等学校の友達のなかには、横田が国際法の助手になったと聞いて、驚いた者があった。高等学校時代から大学を卒業するまでの間、外交官になろうとし、あるいはまた弁護士となり、将来は政治家を志そうともした。しかし、どちらも派手な世間的な外面的活動の世界である。国際法の助手になり、研究に従事することは、地味で書斎的な、内面的な思考の世界である。まったくの正反対であるから、きっと長続きしないであろう。あるいはそれを踏み台にして政治家にでもなるつもりであろうと噂する者さえあったほどである。しかし、自分自身はそのように積極的に考えたことはない。[22]立が、当時この話を聞いたら、さぞかし驚いて腰を抜かしたのではないであろうか。

それはともかく、そんな横田が学問に真に興味を持つようになったのは、助手になって半年くらいしてからである。そのわけは、学問そのものに興味が湧いてきたからであるという。例えば、国際法の文献を読んでいると、様々に疑問を抱くようになり、それを自分で解決してみたいという気持ちになったという。それは、学生時代の横田が講義を受け、教科書を読み、その内容を理解し記憶するという受け身の姿勢の勉強にとどまっていたことを物語る。ところが助手になってからは、幅広い分野の本をたくさん読み、外国の書物に接し、世界にはそれこそ多様に異なる意見があり、理論があることを知った。時として意見や理論があまりに異なっていることに当惑し、どれにも信を置けず、疑問を感じるようになった。特に基本的な理論になるほど、説の違いには著しいものがある。それが横田にすべての疑問と異説を解消する根本的な解決を見出してやろうという強い研究心を育んだ。それは、本人によれば一種の野望にも似たものであったという[23]。

もう一つは、第一次世界大戦後に流行した学問の方法論に魅せられたことである。横田によれば、第一次世界大戦後に主としてドイツにおいて学問の方法論がやかましく論じられるようになり、とりわけ社会科学の方法論について哲学者や社会科学者を中心に盛んに論じられた。日本では、社会科学を文化科学として概念付け、それを自然科学と対比させる新カント学派哲学が広く紹介され、研究された。特にハインリヒ・J・リッケルト（Heinrich J. Rickert）の文化科学の理論は、多くの共鳴者を生んだ。

そういった空気のなかで、法律学についても、社会科学の一つとしてその方法論が取り上げられ、文化科学としての概念構成をめぐる研究が盛んに行われた。横田のような若い研究者にはそれが一つの流行のようになり、研究が方法論一色のようになり、方法論万能の観さえあったという。[24]

横田は、方法論に関しては学生時代には無知で、助手となって研究室に入って初めて知った。はじめは他の助手たちが議論しているのを聞いていたが、難しい議論についていけず、専ら聞き役に回らざるを得なかった。しかし、印象としては深遠な理論のようであり、そのために真に学問らしく感じられ、次第に興味を抱くようになった。それが助手になって一年余り過ぎた頃のことで、その頃から真に研究というものをしてみたくなったと語る。そして新カント学派の学問の方法論とその流れを汲む法律学者の法律学の方法論を勉強するようになり、次第に熱中していった。それを通じて、本当に学問に興味を持つようになるとともに、情熱さえも感じるようになった。幸いなことに、その頃から研究に一生を捧げたいと思うようになったのである。[25]

既にみたように、名古屋高等学校の友人の間では、横田に助手生活が長続きするはずがなく、そのうち助手室を飛び出して政治家にでもなる気だろうと噂された。噂というものはなにもないところから立たないという。横田の場合には、「心のうちで、自分も変わったものだとおもった」[26]というほどであるから、それまでの横田を知る友人のたてる噂は全く根拠がないともいえなかった。だが助手時代に横田は内面的に大きく変化し、本格的に研究者への道を歩み始めたのである。

以上からみると、海軍兵学校を受験し、海軍軍人となることを志望したことや一時期とはいえ弁護士や政治家を志望したことを含め、助手となる以前の本人の進路選択の最大因子は、授業料という金銭問題や、悪くいえばあまり根拠のない周囲の人たちの噂のたぐいに影響されたものであった。

但し、右のように研究に一生を捧げるとの決心そのものは、横田のその後の生涯をたどると、偽りではなかったことがわかる。また当時、本人は意識していなかったが、研究を積み重ねる間に、真に学問に関心を抱き、学問の方法論に魅せられ、信念の人といわれるだけの人となりへと変貌を遂げていったことがわかる。

遺憾ながら、横田が青春を謳歌した時代によしとして受け入れた、第一次世界大戦後の国際協調主義、民主主義、自由主義という思潮、英米協調そして国内の大正デモクラシーの時代は、いつまでも続くわけではなかった。既にみたように、一九二〇年代も末になると、それまでとは相反する方向を志向する軍部が国内で影響力を増すとともに、中国において独断専行や侵略を開始し、さらにはドイツに接近する方向に日本を導こうとした。

そうした横田の価値観や思想信条と相反する方向に日本が向かった戦前の場合には、軍部の方向性と自らの価値観の相違が歴然としており、対立軸も明確であったことから、横田の育んだ強い意志はいうまでもなく不可欠であったが、状況の変化のなかで自らの姿勢や立ち位置が揺らぐことはなかった。

それとは異なり、戦後の国内外の政治社会状況の目まぐるしい変化のなかでは、とりわけ天皇制の存廃も含めての国の形の在り方の問題や安保防衛問題を中心に、現実の変化に応じて横田の姿勢や論が柔軟に変化した。それは、現実主義的思考の横田にしてみれば、戦後ほどなく純粋な平和志向の時期から冷戦が東アジアに波及し、日本をめぐる国際環境も大きく変容するといったように、次々と生ずる新しい事態のなかで時代に対応した最善の方策を自由主義的立場から模索した所産ともいえる。しかし、それを横田とイデオロギー、思想、スタンスなどを異にして批判する側からすれば、姿勢や主張が変わるという意味で無節操あるいは変節と映ることになったと考えられる。

その最たる例が、極東国際軍事裁判の肯定や天皇制の否定、その立場から天皇制の廃止を論じた本の出版やその後に同書の回収を行ったということが、保守論客といわれる人たちや右翼の逆鱗に触れ、非難罵倒されることになったことである。

二　安全保障観の基底

さて研究者としての道を歩み始めた横田は、とりわけ「国際法を愛し、国際法によって世界の秩序と平和を確保しようと念願[27]」するようになり、それに基づいて紛争の司法的解決を追求するようになった。それには、人類史上かつてない惨禍をもたらした第一次世界大戦後の世界平和を希求する国際的風潮と民主主義的風潮、国内的には大正デモクラシーといった、横田の青年期における時代の精神が彼に及ぼした影響を抜きには語れない。

横田は、「第一次世界大戦の後に、国際関係や国際法の分野で、もっとも関心をもたれた問題は、国際平和であった。連盟が設けられ、はじめて平和のための国際組織が生まれた。平和を確保するには、国際紛争を平和的に解決することが必要であるとされ、その有力な方法として、国際裁判に大きな関心が向けられた……こうした情勢のもとに、新しく国際法の研究に乗り出した若い学徒にとって、国際裁判は魅力のある研究の対象であった[28]」と説明する。そういう意味では、横田は時代の児であった。

横田が右の関心に基づいて執筆したのが、一九三二（昭和七）年二月から八月まで『国家学会雑誌』に七回にわたって掲載された「国際裁判の歴史的研究」である。本論文は、その後の自身の研究の方向性を定める契機となった[29]。それについて、横田は次のように説明する。「国際裁判の研究をはじめたのは、国際紛争を平和的に処理し、国際平和を確保するためであった。国際平和こそ、根本の目的である。この研究によって、国際平和の要望は、さらに助長され、その後も、一生を通じて、研究と行動の原動力になった……行動の上では、満州事変から太平洋戦争にかけて、常に日本の軍事行動に批判的であったが、これも国際平和への要望によるものにほかならない」[30]と。

ところで、横田が戦前期に毅然と自分の姿勢を一貫させ、自分の学問に忠実であり得たのはなぜか。それについては、大きくいって三つの理由が考えられる。第一は、横田自身の芯の強さである。第二は、横田が生涯にわたって研鑽した国際法という学問のために習得した方法論によるものと思われる。

横田は、自ら述べるように、新カント学派の影響、そのなかでもハインリヒ・リッケルトの影響を強く受けている。横田は、リッケルトの説いた哲学概念を「価値三段論」と表現し、それに照らして法律の解釈を行う着想を得ている。リッケルトの価値三段論には、価値の妥当性を視角として個人的主観的価値、普遍的主観的価値、客観的価値の三段階がある。それらの価値は後のものほど高度の妥当性を有する。その三段階に照らしてみると、法律は主観的価値を持つが、必ずしも客観的価値を持つとは限らないという。しかし、法律は正しく、また合理的であるべきもので、客観的価値を持つべきである。従って、法律の解釈は、単に文理的または論理的解釈にとどまるべきではなく、批判的解釈にまで進むべきであるという。

横田は、そういった新カント学派の方法論についてリッケルトを中心に学び、その方法論を修得した後、ハンス・ケルゼン（Hans Kelsen）の純粋法学を研究し、さらにその後には国際法の実証的研究に従事している[31]。

以上から、横田の場合には、自身のなかに一つの確固たる学問研究の方法論を確立し、その方法論に依拠して世界の秩序と平和の確保を法的に思考し、それに従って執筆し言論活動を行うことが可能になった。そして、そのことが横田をして、言論の自由が失われ、身に危険が迫るような事態においても自らの姿勢を曲げることなく、自らの学問に忠実でいることを可能にした。それは、別の表現によれば、横田が法を尊重し、法に依拠して思考し、活動することを可能にしたといえる。

横田は、新聞紙上や雑誌上において満州事変から太平洋戦争に至るまで日本の軍事行動や軍国主義的傾向に一貫して反対し続けた理由を「一口にいえば法律を愛すればこそである。この場合に、法律というのは、国際法のことである。国際法を愛し、国際法によって世界の秩序と平和を確保しようと念願すればこそである[32]」と語っている。それは、右のことを指している。さらにいえば、横田のいう法律への愛の基底には、後に触れるが、彼の正義というものに対する強いこだわりがあったと考えられる。

第三には、人類に未曾有の惨禍をもたらした第一次世界大戦を経験したことから、これからの世界は国際紛争を平和的、司法的に解決しなければならないとの強い信念を抱いたこと、連盟や不戦条約の成立によって、そうした道が具体的に開けつつあるとの確信を得たこと、国際法や連盟には多くの課題や難問が山積し、国家主権を持つ国家の厚い壁が立ちはだかっていることなど、国際法の発展を妨げる様々な隘路があることは十分認めつつも、究極的には国際紛争を平和的、司法的に解決する方向に進まねばならないし、また進むとの見解を抱いたことにあったと考えられる。

横田は、右の第三の理由に基づいて、二〇世紀に人類は新しい時代を迎えたと指摘する。その理由として、従来の戦争がすべて違法となり、犯罪として処罰されることになる。そして、「戦争禁止の最終の高い記念塔が建てられる」[33]ことを挙げる。従って、「戦争の禁止! 絶対的禁止!!」[34]が「二十世紀の国際社会の、むしろ、二十世紀の人類全体の最大のテーマ……宿命的なテーマ」[35]となったと認識するようになった。以上は、横田の安全保障観の基底をなすものである。

実際に二〇世紀に入ると、とりわけ第一次世界大戦を経験し、戦争の大規模化、長期化、総力戦化、被害の甚大化によって勝者と敗者の区別がなくなる、換言すれば、すべての国が敗者となる。第一次世界大戦以前のように、戦争に勝利すれば、敗戦国から賠償金を得る、領土を割譲される、あるいは資源を獲得することなどによって戦争による損失の帳尻をあわせることが出来る、あるいは戦争以前と比べ経済的に豊かになり、領土が広がり、強国としての地位を獲得するといった従来の費用対効果を想定し、それに適う戦争を行うことが困難となった。それどころか第一次世界大戦には人類の滅亡を予感させるものがあったことから、戦争の禁止に向けた動きが顕著に示された。さらに二度の世界大戦の経験から、一部の超大国を除いて普通の国では単独で国の安全保障を確立することが困難な時代を迎えたと認識された。それが引き金となって、集団的自衛権の問題が国際社会の課題として浮上することになったのである。

だが、横田は、第一次世界大戦に先立つ二〇世紀幕開けの前夜に既にその第一歩が踏み出されていたと考察した。それは、例えば一八九九（明治三二）年に、軍備の縮小と国際紛争の平和的解決方法を模索していたロシア皇帝アレキサンドロヴィッチ・ロマノフ・ニコライ（Nicholai Aleksandrovich Romanov）二世によって提唱され、日本と清国を含む二六カ国の参加のもとに開催されたハーグ万国第一平和会議において第一課題とされた軍備縮小には失敗したものの、戦闘外におかれた者の保護を目的としたハーグ陸戦協定の採択や、国際紛争の平和的解決を目的とする国際紛争の平和処理条約の締結など多少の成果が挙げられた点を重視する。次いで、一九〇七（明治四〇）年に米国の国務長官ジョン・M・ヘイ（John M. Hay）の提唱によって開催された第二平和会議においてハーグ陸戦協定の改定や中立法規の制定などが行われると、横田は、人類が第一次世界大戦という破滅的な経験を踏まえて、国際紛争の平和的解決に向けての努力を飛躍的に強化し、次第に多くの成果を達成するようになったと理解する。(36)

以上から、横田が二〇世紀目前の第一平和会議開催の意図と第一次世界大戦後の平和への努力を一つの文脈のなかでとらえていたことが理解出来る。また横田が右でいう成果とは、主に第一次世界大戦後に設立された、集団的安全保障を主な目的とする「連盟規約」と「不戦条約」を指す。それら二つに関して、横田は「間接に戦争を防止する紛争解決方法や安全保障ばかりでなく、直接に戦争そのものゝ禁止が一歩〳〵と成功した」[37]査証であり、それらは二つの高い記念塔であると高く評価する。

その理由として、まず連盟規約においては、具体的に次の三つの戦争が禁止されたことを挙げる。[38]

① 裁判所の判決または理事会の報告の後の三箇月間における戦争。（国際紛争が国際裁判所または連盟理事会に付託された場合に於いて、裁判所の判決または理事会の報告があってから三箇月の間は戦争に訴へることを得ない。連盟規約第一二条一項）

② 判決に服する国に対する戦争。（紛争が国際裁判所に付託された場合に於いて、判決に服する国に対して、他方の国は戦争に訴へることを得ない。連盟規約第一三条四項）

③ 報告に服する国に対する戦争。（紛争が理事会に付託された場合に於いて、その報告が理事会の全会一致［紛争当事国の代表者を除く］で可決されたときはそれに服する国に対しては戦争に訴へることを得ない。連盟規約第一五条六項）

右と同様の趣旨の条約としては、既に触れた第二平和会議において締結された債務回収のための兵力使用制限に関する条約がある。本条約が戦争禁止に関する最初の条約であることを認めることにはやぶさかではない。但し、禁じられた戦争の範囲が極めて限られたものであり、また締約国の数が限られていたこともあわせて認めねばならない。従って、これが戦争の禁止に向けての第一歩を印したという意味での意義は認められるが、それは極めて小さな一歩に過ぎなかった。

それに対して、連盟規約の場合には、三つの戦争に限られ、一切の戦争を禁じたものではないことから完全とはいえない。しかし、それまでと比較すると禁ずる戦争の範囲が広がったこと、締約国も連盟に加盟する五四カ国すべて、当時国際法上国家として認められる六一カ国中の八八%という多数にのぼること、そして最も重要なこととして、右の戦争禁止には違反国に対して連盟加盟国による経済制裁及び兵力を用いた制裁が科せられること（連盟規約第一六条）、一定の条件のもとに連盟は非加盟国に対しても経済制裁や兵力を用いた制裁を科すことがあること（連盟規約第一七条）など、戦争禁止に向けて格段の進歩が認められたと横田は評価し、連盟への期待を大きくしたのである。

以上に基づいて、横田は右の規約を「戦争禁止の最初の高い記念塔[39]」と高い評価を与えた。

だが同時に、その不完全性、あるいは欠陥のあることも見逃さなかった。例として、禁止された戦争の範囲が比較的限られていること、裁判所の判決または理事会の報告後三カ月間における戦争の禁止は戦争そのものの禁止ではなく、単に戦争を延期するに過ぎないこと、連盟規約第一六条でいう戦争の禁止は実際上あまり効果があるとは考えにくいこと、そして連盟が米国やロシアという大国をはじめすべての国の参加を得ていないことなどを挙げる。そうした不完全性や欠陥から、連盟規約が注目すべき第一歩を印したことを大きく評価しつつ、同時に完全な戦争の禁止までにはまだ距離のあることも認める[40]。

次に不戦条約については、連盟規約以上に評価し、戦争の完全な禁止に向けての一つの前進と位置付ける。理由は、自衛のための戦争と制裁を目的とする戦争を例外として、国際紛争解決のために戦争に訴えることを非とし、かつ国家の政策の手段としての戦争を放棄していること（不戦条約第一条）、それにより連盟規約以上に戦争の禁止が徹底されたこと、本条約の締約国が五四カ国、当時完全な国際法上の国家とはいえなかったアフガニスタン、ダンチッヒ、エジプトなどを加えると五八カ国に及び、連盟加盟国の数を上回っていること、さらに重要なこととして、本条約には連盟に未加盟の有力国である米国とロシアが参加していることにある。従って、連盟よりも一層強い意味で、不戦条約の戦争禁止が国際法に適う国家全体に及ぶことによる。

しかし、連盟規約と同様に、その不完全性や弱点を次のように指摘する。

第一に、国家の手段としての戦争の意味が不明確である。それを自衛と制裁以外のすべての戦争を指すとしても、いかなる戦争が自衛のための戦争であるか、換言すれば自衛の戦争の定義が依然明確にされていない。多くの戦争が自衛の名のもとに行われてきたことを考えると、今後も脱法的に行われることが予想される。

第二には、一方において戦争そのものを禁止することとあわせて、戦争の原因である紛争の平和的解決のための方法が必要であるにもかかわらず、それが設けられていない。とりわけ、紛争発生の場合、自動的に解決手続きに付託されるための詳細な規定が設けられねばならないにもかかわらず、それが欠如している。

第三には、不戦条約に違反して戦争に訴えた場合の制裁規定を伴っていない。それは、連盟規約の定める戦争禁止と比較し、劣る点である。そのため、一部から不戦条約は道徳的あるいは政治的な拘束力を持つが、法的拘束力がないといわれることになる。この点も、不戦条約による戦争禁止の一つの大きな弱点である(41)。

横田は、連盟規約と不戦条約を中心にそれぞれの長所と短所とを比較する形で概観し、その作業を踏まえて、戦争の完全な禁止のためには、さらに大きな一歩を踏み出す必要があること、そして踏み出す方向が既に暗示されていること、すなわち双方の長所を取り入れ、短所を捨て

る、そこに制裁を伴う一般的な戦争禁止を確立すべきであると主張する。(42)

実際に一九二九（昭和四）年九月の連盟第一〇回総会の席上、イギリス代表から不戦条約と連盟規約とを調和した内容に連盟規約の修正を求める提案がなされたことは、横田にとって心強いことであった。

三　安全保障構想

横田が二〇世紀における安全保障として、集団的安全保障による平和の維持及び紛争の平和的解決を志向していたことは既に述べた。横田は、その中心的役割を国際機関である連盟、とりわけ連盟理事会が担うことを構想した。

その理由に関しては、横田の特徴がよく示されているものでもあるので、それも含めつつ紹介したい。横田は、次のように述べる。「前もつて定められた定義によつて自動的に機械的に侵略を確定するのでなく、これを大体の標準にしながら、その場合の特殊の事情を考慮して、第三者が適当に確定するのである。そのためには、もとより、これを確定する第三者が国際的の機関であるべきことは言うまでもない。かような国際機関としては、国際裁判所も考え得られるが、現在では、連盟理事会が最も適当であろう。裁判所は法律適用の機関であり、政治的考慮を入れるに適しない。これに対して、理事会は主として政治的の機関であり、その構成員も大体に大国の代表者であるから、侵略者の確定とゆう《ママ》ような政治的に重要な問題を処理するに最も適当している。かくて、侵略の確定に関しては、侵略の定義によつて、自動的に機械的に行うこと丶、連盟理事会のような国際的機関によつて具体的に決定させることが考えられる。この両者を適当に結合することによつて、恐らく、侵略の定義も比較的に容易に適当に行われ得ることであろう。実際問題として特にそうである[43]」と。

右を通じて、一方で国際法学者として、例えば国策の手段としての戦争について学問的に考究し、自衛権、侵略などに関する定義を試み、その重要性、必要性の認識に基づいて国際法に適う国際社会の実現を志向したところに、横田の姿勢を垣間見ることが出来る。

もう一つ、その当時の国際法発展の歴史的な文脈や発展の段階についての理解や学問的成果を受け入れるだけの政治的社会的環境があるか否かという政治的考慮、現実主義的かつ柔軟な思考が、横田には可能であったこともわかる。一例として侵略を挙げるならば、その定義には事実的と規範的の二つの方向があり、両者を適当に結合することによって、大旨適当な定義が得られるという。次に侵略を確定するには、この定義に従って自動的に確定する方法と、理事会のような国際的機関によって政治的に確定する方法とがあるといい、一般的には前者の自動的に確定する方法に依拠すればよい。特殊の場合には、まず侵略の定義によって侵略の推定をなし、次に理事会のような国際機関によって反証を挙げられるようにする。それによって困難な侵略の定義と確定の問題も次第に解消出来ると考える。そういった考え方のもとにある自由主義者一流の常識（コモンセンス）に基づいて「適当に」という発想が出来る点にも横田の特徴を見出だすことが出来る。(44)

同時に、誤解を恐れずにいえば、将来を見据えつつ、現状において実現可能な次善の策でなく最善の策を求めるところ、また国際法の学者にもかかわらず、やはり現状においては連盟理事会のような国際機関による侵略の定義の政治的確定をよしとする現実主義的で柔軟な姿勢に、横田の特徴の一つを見出すことが出来る。

以上から、自衛権や侵略の定義に関しても、困難な言葉の定義に執着して、結果からみれば言葉の遊びに終始し、現状追認に陥るとともに国際社会の新たな発展を阻害するといった弊害をもたらすことを懸念し、自衛権や侵略などの定義も確立していない段階では、ただ手をこまねいているのではなく、国際司法裁判所よりも連盟の理事会を優先させ、政治的、現実的にことを進める方策を望ましいと見做していたことがわかる。

その横田は、安全保障問題の核心を「侵略の排除」に置く。それは、単に国家が相互に不侵略の約束を交わすだけでは不充分であり、その違反への備えが必要であると考えたことによる。その方法として、多数の国家が侵略される国家に対して経済・軍事援助を与え、一致協力して侵略を排除すべきであると指摘する。[45] 従って、安全保障をめぐっては、多数の国家が参加する集団的保障方法、具体的には連盟を通じた集団的自衛が第一次世界大戦後の世界においては有益と考える。

それは、平和構築の基本三原則が（一）安全保障、（二）紛争の平和的解決（特に国際裁判）、（三）軍備縮小にあり、当時としてはもっとも重要な国際平和機構である連盟がそれら三つを実現することによって平和を確立しようとしているとの期待に基づくものであった。[46]

それとの関連で、横田は、安全保障、紛争の平和的解決、軍備縮小、それと仲裁裁判の密接な関連性を理論的に指摘したのが、連盟内においてチェコスロヴァキア外相エデュアード・ベネシュ（Eduard Benes）とギリシア外相ニコラス・ポリティス（Nicolas Politis）を代表とする二つの委員会がそれぞれに起草した案を基に作成された、国際紛争の平和的処理を目的とする国際紛争平和処理議定書（通称ジュネーブ議定書）に関するポリティス・ベネシュ報告であるという。それについて、安全保障なくして軍備縮小があり得ないこと、国際裁判なくして安全保障があり得ないこと、以上が二重の公理として認められるに至ったと評価する。さらに安全保障と軍備縮小、国際裁判と安全保障の関係が各々上下関係でなく、同位の関係にあること、従って、例えば国際裁判を一歩進めることは、同時に安全保障をも一歩進める関係にあると説明する。[47]

次に、安全保障の基本的方向性を模索するために、横田は第一次世界大戦から一九三〇年代中頃までの時期を二期に分けて考える。

第一期は一九一九（大正八）年から一九二五（大正一四）年までの制裁中心の時期に当たるとする。この時期、安全保障については制裁に重点を置いた研究がなされ、その実現が試みられたという。その例として、連盟規約の制定及び連盟自身による連盟規約の研究、一九二三年に連盟において起草された相互援助条約案、そしてロカルノ条約を挙げる。

しかし、この時期は、不思議なことに制裁を極めて重視しながらも、実際上は侵略の予防が連盟の活動の中心を占めていたと分析する。その矛盾については、一方において第一次世界大戦直後という事情から、侵略戦争を恐れる傾向が強く、その場合における援助を重視したこと、他方において連盟が成立してから未だ日が浅く、戦争の防止に関する経験も十分でなかったことから、戦争の予防が制裁に比べはるかに重要であると考え、制裁に最大限の努力を注ぐべきであるとの認識に至らなかったことから生じたとみる。

その結果、一九二六（昭和元）年頃から安全保障の基本的方向が戦争の予防に向かう第二期に移行することになったと説明する。その理由として、戦争予防の重要性がようやく一般的に認識されるようになったことを挙げ、その重要性は①戦争の予防が制裁よりも望ましいこと、②戦争の予防は比較的実行が容易なこと、③制裁の適用を容易にすること、以上の三点にあるという。(48)

第二期に入ったことを示すものとして、一九三一（昭和六）年に連盟で成立をみた、戦争の予防措置を規定した戦争防止手段の助長に関する一般条約（General Convention to Improve the Means of Preventing War）を挙げる。

本条約は、主に次の内容からなる。非軍事的措置として、紛争が理事会に付託された時、理事会は紛争の悪化を阻止するための非軍事的措置を勧告する（一条）。軍事的措置として、戦争には至っていないが、一方の紛争当事国の兵力が他方の領土、領海、武装解除地域に侵入した時、理事会はその撤退を確保するための措置を命じることが出来る（二条）。または、戦争の脅威がある場合、当事国の軍事衝突を防ぐため、理事会は双方の兵力の越えてはならない境界を決定（中立地帯の設定）することが出来る（三条）。軍事的措置の履行を確保する方法として、理事会の勧告した軍事的保全措置の実行を現地において調査するために、理事会は委員会を派遣することが出来る（四条）。違反が理事会によって確認され、その命令にも拘らず依然として違反が続き、引き続いて戦争が発生した時、違反国は連盟規約第一六条の意味で戦争に訴えたものと推定される（五条）。従って、第一六条の経済制裁や兵力による制裁が科せられる。以上の場合、理事会の決定は当事国の代表者を除く全会一致で行われ（七条）、軍事的措置に関する決定は拘束力を有する（一、二、三条）。

本条約を、横田は予防手段をほぼ完成し、安全保障の基本的方向を明らかにしたという意味

で重視する。(49)

これまでみたように、満州事変を契機に日本が現状打破勢力として台頭して行く過程において、横田は連盟、とりわけ理事会を主要な担い手とする集団的安全保障を構想し、その安全保障の基本的方向を、既に侵略の起こった後に侵略国に制裁を科することから、侵略の発生前にそれを予防することに重点が移ったと認識していたのである。

以上の枠組みに立つ時、日本の動向は横田の目にいかに映ったのかを中心として次に検討したい。

注

(1)「憲法の番人」は、『新・人国記』第三巻（朝日新聞社、一九六三年）のなかの愛知県の巻に横田が取り上げられ、そのタイトルとして付けられたと横田自身が説明している。この件については、横田喜三郎『私の一生』東京新聞出版局、一九七六年、二四頁を参照。
(2) 右『私の一生』四三頁。
(3) 同右、二四―二五頁参照。
(4) 同右。二五頁。
(5) 同右、一―二頁、一七一―一七二頁参照。
(6) 同右、二五頁参照。
(7) 同右、三九頁参照。
(8) 同右、二六頁参照。

（9）同右、二八頁参照。なお横田は、新聞社と述べるが、新聞販売店かと思われる。
（10）武田知弘『教科書には載っていない！　戦前の日本』彩図社、二〇一六年、一四二頁。
（11）横田、前掲『私の一生』二九頁参照。
（12）同右、二八頁参照。
（13）同右、二九頁参照。
（14）同右、五五―五六頁参照。
（15）同右、四一頁参照。
（16）同右、三八頁参照。
（17）同右参照。
（18）同右、四一頁参照。
（19）同右、四二頁参照。
（20）同右参照。
（21）同右参照。
（22）同右、四六頁参照。
（23）同右、四七頁参照。
（24）同右参照。
（25）同右、四八頁参照。
（26）同右。
（27）横田喜三郎『余生の余生』有斐閣、一九八七年、一四一頁。
（28）横田、前掲『私の一生』五〇頁。
（29）同右、五一頁参照。
（30）同右。

(31) 同右、六一―六二頁参照。
(32) 横田喜三郎「自伝抄――法律と共に六十年〈一一〉」『読売新聞』一九七八年一二月二日付夕刊。
(33) 横田喜三郎「戦争の絶対的禁止――最近の連盟規約改正案」『外交時報』一九三一年四月号、一五頁。
(34) 同右、一四頁。
(35) 同右、一四―一五頁。
(36) 同右、一四頁参照。
(37) 同右、一四―一五頁。
(38) 同右、一七―一八頁参照。
(39) 同右、一九頁。
(40) 同右、一九―二〇頁参照。
(41) 同右、二一―二二頁参照。
(42) 同右、二三頁参照。
(43) 横田喜三郎「安全保障問題」『国際法外交雑誌』一九三四年一月号、第三三巻一号、二一―二三頁。
(44) 同右、二二―二三頁参照。
(45) 同右、三七―四一頁参照。
(46) 連盟規約においては、安全保障に関して一〇、一一、一六条に、紛争の平和的解決に関して一二―一五、一七条に、軍備縮小に関しては第八、九条において各々規定を設けている。
(47) 横田、前掲「安全保障問題」、五五頁参照。なおここでいうジュネーブ議定書とは、一九二四年の国際紛争平和的処理議定書を指す。船尾章子「戦間期における多国間主義にもとづく平和と安全の探求――ブリアンの構想と実践を中心に」『神戸外大論叢』第六八巻二号、二〇一八年、五頁参照。

(48) 横田、同右、七三―八五頁参照。
(49) 同右、九三―九五頁参照。本条約は松田道一監修『国際平和関係条約集』外交時報社、一九三二年、二三四―二三八頁参照。なお本条約の関連部分を巻末「参考資料」に所収する。

第二章　時局評価——満州事変批判

一　「自衛」批判

一九三一年九月一八日に勃発した満州事変は、横田喜三郎の目には戦争禁止に向けて世界が大きく動いている時、世界の大勢に対する正面からの挑戦と映った。満州事変を陸軍省は自衛の行動であると主張し、政府は当初不拡大方針を打ち出したものの、後には陸軍省の主張に追随した。

陸軍省の主張に対して当初から強い疑問を抱く横田は、同年一〇月五日付『帝国大学新聞』に論説「満州事変と国際連盟——寧ろ当然の干渉」を寄稿する。その動機について、満州事変が日本の自衛行為ではないとはじめから信じていたが、「なにぶんにも、軍部がいきり立ち、世論もそれを支持する傾向であったから、新聞に公然と自衛行為ではないと書けなかった。『十分に問題になりうる』と疑問を表明するにとどめた。ささやかな抗議である。しかし、ささやかでも抗議せずにはおれなかった[(1)]」と語っている。しかし、その主旨は明解であった。陸軍省の主張を真っ向から否定し、満州事変が自衛に当たらないとするもので、横田の的を射た理解を示すものであった。

本論説は、小林龍夫・島田俊彦・稲葉正夫編『現代史資料　続・満州事変』第一一巻（みす

ず書房、一九六五年）にも所収されている。この場合には、陸軍の保存資料のなかから出典された模様で、冒頭に「陸軍註記」として付けられた「支那に大々的の好宣伝を与へたる日本帝国大学教授の論文」(2)という手書きの寸評が目を引く。それは、決して横田のいうようなささやかな抗議にとどまるものではなく、横田の見解に対する陸軍省の強い関心と批判、そして反発を端的に物語る。

横田は、論説のなかで、満州事変に対する関東軍の行動や朝鮮派遣軍の独断越境など一切の行動を自衛権の発動という説明で片付けようとし、連盟の撤兵を求める勧告を不当な干渉とする軍の基本姿勢に強い疑問を呈し、「単に利己的な立場からでなく、公平に、正当に、学徒としてこの問題を考察して見たいと思ふ」(3)と前置きした後、次のように主張する。

連盟は規約第一一条に基づいて事件の拡大防止と撤兵の二点を勧告してきた。また第一一条は、戦争または戦争の脅威がある時は、国際平和を擁護するために、連盟が適当にして有効な措置を取るべきと規定している。満州事変の場合には、戦争ではないが、戦争の脅威がある場合に該当する。従って、連盟の対日勧告は当然であり、適切な措置であったと評価する。勧告の第一点である事変の拡大防止について、勧告の内容が完全に理由あるものと認めざるを得ないと肯定し、逆に厳正、公平にみて、軍部の行動の一切が自衛権の発動としては説明出来ないと主張する。

その理由は、仮に鉄道の破壊が事実であると認める場合、鉄道を破壊しつつある敵軍に反撃を加えることやその敵軍を追撃して北大営を占領することは、自衛の範囲といえばいえなくもない。それはよいとしても、北大営の攻撃とほぼ同時に奉天城内にまで攻撃を開始したこと、僅か六時間内外のうちに四〇〇キロも離れた寛城子（長春市内）や二〇〇キロも南方の営口を占領することが果たして自衛のためのやむを得ない行為であったといえるのかとの強い疑問を抱いたことにある。もう一つは、連盟の勧告の第二点である撤兵に関しても、駐兵権のある鉄道附属地以外に進出している関東軍や、朝鮮から国境を越えて出動している朝鮮派遣軍の撤兵を求めることは、平和の確保のために当然である。従って、連盟の勧告は、その根拠及び内容についても正当なものであり、決して越権行為に当たるものではないと考えたことにある[4]。

以上は、横田が満州事変勃発から一カ月弱経過した時点で執筆したものである。それにもかかわらず、今日からみてもことの本質を看破した慧眼であることが分かる。それはさておき、横田の立場からすれば学問的に裏付けられた当然の主張であり、正論を唱えたに過ぎない。しかし、軍部にしてみれば、横田は連盟の勧告を鵜呑みにして関東軍の行動を否定し、日本の国益に反して中国の立場を利する宣伝を行う裏切り者と映った。それが既にみた陸軍の註記に反映されている。

『帝国大学新聞』への寄稿から一〇日後に、横田は東京帝国大学経済学部主催の連続講演会

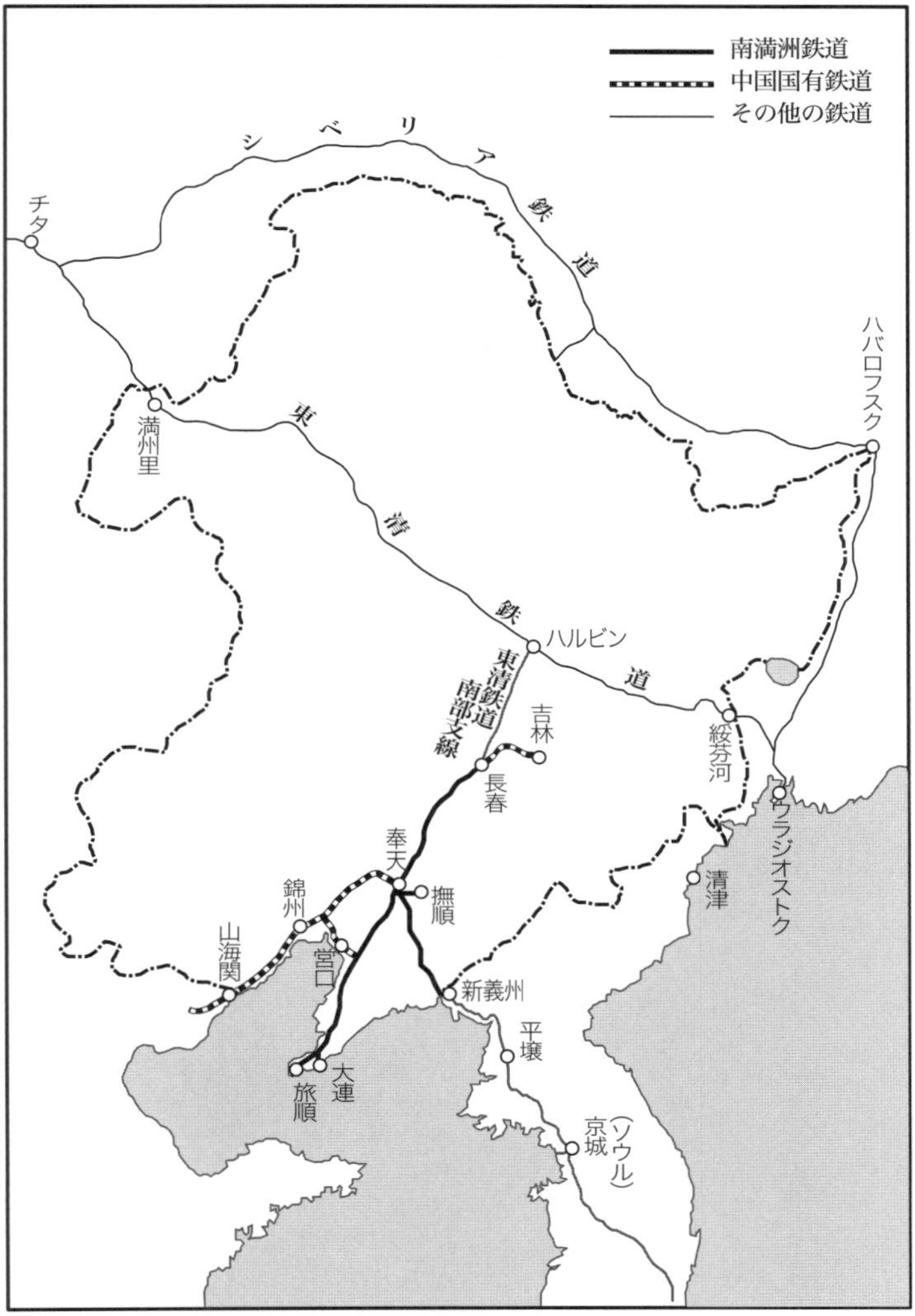

南満洲鉄道
中国国有鉄道
その他の鉄道
シベリア鉄道
チタ
満州里
東清鉄道
ハバロフスク
ハルビン
東清鉄道南部支線
吉林
綏芬河
長春
ウラジオストク
奉天
撫順
錦州
清津
山海関
営口
新義州
平壌
旅順
大連
京城（ソウル）

満州概略図

における講演を依頼された。それは、四日連続の講演会で、既に政友会の森恪《もりつとむ》、陸軍参謀本部長の建川美次、国家主義的政治団体である東方会の中野正剛が講演を済ませていた。彼らは、一様に関東軍の行動を支持し、満州の占領を主張した。それに対して、最後の講演者の横田は「不健全な挙国一致を排せ」という刺激的な演題で彼らとは対決する内容、すなわち関東軍の行動は自衛の範囲を逸脱したものであり、国際法上認められるものではない旨を主張した。(5)『帝国大学新聞』への寄稿のみならず、右講演を引き受けることは、他の三名の講演者の顔ぶれをみただけでも、勇気のいることであった。横田の演題や内容をみると一層そのように思われる。実際に横田によれば、『帝国大学新聞』への寄稿と右の講演の後、右翼団体から激しく非難攻撃されるようになり、身の危険さえ感じるまでになったという。

そのなかで最も目立ったのが極右系新聞『日本』主筆の蓑田胸喜の記事であった。例えば、右の講演から一週間後の二二日に、蓑田は同紙に「暴支、連盟、米国を支援した帝大教授の売国言動」という四段抜きの大見出しに「徹頭徹尾わが出兵を非難した非日本人的所論」という副題をつけた記事を執筆し、横田に激しい非難を浴びせたことである。(6)それは、愛国心という錦の御旗を掲げた非合理的で不寛容かつ狂気に似たものが常識(コモンセンス)を圧倒する。そんな様相が世相を支配し始めたことを示すものとみることが出来る。

二　太平洋問題調査会（ＩＰＲ）第四回上海会議への出席

困難な環境下の一九三一（昭和六）年一〇月二一日から一一月二日までの期間、国際連盟、汎米会議と並ぶ世界三大会議の一つと称される民間の国際主義団体（International Non-Governmental Organization：Ｉ・Ｎ・Ｇ・Ｏ）太平洋問題調査会（The Institute of Pacific Relations：以下ＩＰＲという）の第四回大会が杭州及び上海において開催された（実質上、本大会は上海で開催されたことから、以下、第四回上海会議という）[7]。

いうまでもなく満州事変以降日中関係が悪化するにつれ、日本は国際的孤立を余儀なくされ、国内においては持たざる者の立場から現状打破を求めて自主外交を標榜する世論が高揚していた。他方、中国でも排日運動が激化しており、第四回上海会議自体の開催が危ぶまれる状況にあった。さらには、中国国内においてＩＰＲの一支部である日本太平洋問題調査会（以下、日本ＩＰＲという）の参加を拒むべきとの声もあがり、日本ＩＰＲの参加自体が危ぶまれたばかりでなく、日本ＩＰＲが参加した場合に日本人参加者に身の危険が及ぶことも案じられる有様であった。

そういう意味では、第四回上海会議は、日本ＩＰＲ代表新渡戸稲造の尽力により日本ＩＰＲ

の一行が参加する会議開催の実現に漕ぎ着けただけでも十分意義が認められることであり、また卓越した自由主義的知識人を中心として自由な個人の資格で参加する民間の国際主義団体ゆえに実現出来たともいえる。しかし、日本政府や軍部にしてみれば、たとえ民間の国際主義団体主催の会議といえども、国際的な場において日本が満州問題を中心に非難攻撃の矢面に立たされ、孤立することが懸念された。

横田は、そうした至難な環境のもと、新渡戸、朝日新聞論説委員前田多門、国際ジャーナリスト鶴見祐輔、東京帝国大学教授高柳賢三、同大学助手松本重治などの日本を代表する自由主義的知識人が中心となって第四回上海会議に参加する日本IPR代表の一員として上海に向かった。横田の役割は、主に「太平洋における外交機関」問題討議を担当することにあった。[8]

それに対し、同年一〇月三〇日付『日本』紙上において、蓑田は「与論に脅えて逃走した帝大の売国教授、毒舌の主、横田喜三郎上海へ」という四段抜きの大見出しの記事を執筆し、「大いに怯気づいた横田氏は、大学の講義を休んで、上海で開催中の太平洋会議へ逃避し、ほとぼりのさめるのを待って帰国しようという狡猾な態度に出た」[9]と批判の矛先を向けた。但し、横田は三〇日には既に上海に赴いていたことから、このような批判が書きたてられているとは夢にも知らなかったと後日述べている。[10]

他方で、横田が日本で満州事変批判を行っていることは、既に上海在住の日本人や中国人の一部の間にも伝わっていた。その人たちの間では、横田に対して反発と好感という二つの対立する受け止め方が生まれていた。

反発は、中国民衆の排日運動にさらされ、日々身の危険を感じ、仕事にも支障の及んでいる上海の日本人会の一部に根強いものがあった。彼らは、横田を非国民と非難し、鉄拳制裁を加えることを公言した人々である。横田によれば、鉄拳制裁は松本の「これは愛国とか非国民とかいう問題ではない。横田君は、国際法学者として、純粋に法律論を述べたまでである」[11]という説明で免れられたという。

一方、横田を知る中国人の間では、日本人のなかにも正論を唱える者がいると評判になっていたという。

それに関して、横田らしさを垣間見ることの出来る一つの逸話が残されている。それは、中国IPRの関係者に会った際に、高柳が横田を「これはプロ・チャイニーズ、プロフェッサー(中国びいきの教授)です」[12]と冗談半分に紹介したところ、横田は、真顔で自分は「プロ・チャイニーズ(中国びいき)ではなく、プロ・ジャスティス(正義びいき)です」[13]と答えたというものである。この逸話を通じて、横田は「中国のために日本の行動を批判したのではなく、正義のために、それに反対した」[14]ことがわかる。

本発言は、中国人はもとより、各国IPRの参加者からも好意をもって迎えられた。プロ・

ジャスティスについては、第四回上海会議の「太平洋に於ける外交機関」の討議において、日本が米国をオブザーバーとして連盟の理事会に招くことに反対したこと、連盟理事会が日本軍の撤退を決議したにもかかわらず、それを受諾しなかったこと、以上の二点をめぐって中国の代表から日本が連盟規約に違反したとの主張が行われたことに対して、横田が反論したことに裏付けられる(15)。

反論の主旨は、政治的、道義的には確かに中国ＩＰＲ会員からの非難を免れないことを認めつつも、法律的には連盟規約に違反するとはいえないとの立場から、連盟に未加盟である米国が、例えオブザーバー資格であっても連盟理事会に参加する根拠がないこと、従って日本が米国の連盟理事会参加に反対しても、そのこと自体は連盟規約違反に該当しないこと、撤退の決議に関しては、連盟理事会の決議が全会一致を必要としていることから、日本が同決議に反対すれば、決議は成立しないこと、以上から米国をオブザーバーとして連盟理事会に招くことに反対しても、連盟規約に違反することにはならないと純粋に法律論に則ったものであった。

ところで、第四回上海会議が終了し帰国する時には、横田が神戸に上陸すると待ち構える右翼団体から危害が加えられることを案ずる立作太郎から、横田に対し密かに長崎港に向かうようにとの忠告の電報が寄せられた。同様の主旨の電報が時の法学部長穂積重遠からも寄せられ、会議に出席した会員からも上海滞在の延長を勧められたという。それを受けて、船長の計らいもあって密かに長崎に上陸し、私服警官の護衛のもとに列車に乗るという一幕があった。

この一件は、満州事変に対する批判を行う横田の態度や信念に影響を与えるほどのことではなかった。後に触れるが、横田が次第に肩身の狭さを感じさせられるようになり、さらには孤立感に襲われるようになったのは、それから三年後の一九三四（昭和九）年の中頃から日本国内においてワシントン、ロンドン両海軍軍縮条約の廃棄を求める空気が高まり、新聞や世論の間で日本軍の軍事行動支持の姿勢が強まった頃からと自ら述べている。(16)

それはともかく、横田は上海からの帰国後、挨拶も兼ねてとりあえず芦屋の義父のもとを訪れた。そこに横田を案ずる立から、右翼の新聞が右翼団体の名前を多数掲げ、横田に制裁を加えるために横田の帰京を待っていると報じていることから、一カ月くらい上京を控えるようにとの主旨の手紙が三通もあったという。にもかかわらず、横田は、自分に落ち度はないという身の潔白感から芦屋滞在を一週間で切り上げ東京に戻っている。すると、今度は警察から右翼が横田に危害を加える具体的な動きを把握していないが、十分な用心を怠らないように願いたいとの注意があった。それもあってか、大学からはしばらく講義を休むようにといわれている。

横田としては、二週間ほど大学の好意に甘えたが、自身としては逃げ隠れするようなことが面白くなく、また自分が悪いことをしたと思われるのも心外であり、癪でもあった。そこで、思い切って講義をすることとし、大学にその旨を掲示してもらった。当日は、多少の不安を胸に抱きながら、東京帝国大学法学部のなかでも七〇〇名ほど収容可能な一番大きな教室に向かった。

教室は、普段講義に出ていない学生も含めて既に満員となっており、横田が教壇に向かうと、学生の間から一斉に拍手が、それも割れるような拍手が起こった。それは、学生が日本のその後への憂いの気持ちを横田と共有することを体感させるメッセージであったことから、横田は思わず感激の涙がほおを伝わりそうになり、あの時ほど感激したことはない、いつまでも鳴りやまない拍手を背にあび、感激しながら教室の階段を上がる自分の姿を今も目にみるようであると書き残している。(17)

横田は、それ以降も『国際知識』、『中央公論』、『外交時報』、『改造』といった諸雑誌を通じて満州事変批判を展開した。その本質は一貫して変わることなく、政府及び軍部に対して満州事変が自衛のための軍事行動ではないと批判すること、国際協調路線への復帰と事変の平和的解決を図ること、以上の二点にあった。

横田は、『中央公論』一九三三(昭和八)年一月号に掲載された、満州事変が連盟規約第一五条によって同理事会に付託され、その後理事会から総会に移されたことに異論を唱える日本側の受け止め方に対してその根拠のないことを説いた「満州事変を裁く規約一五条」について、「最後の部分には雑誌社で伏せ字にしたところがある。言論の自由が制限されはじめた証拠である」[18]と述べ、さらには二カ月後の同年三月号の『経済往来』に掲載された日本の連盟脱退に反対を唱える主張の論説「危機をはらむ規約一五条四項」の場合には、「この評論にも、伏せ字がある。いたるところに、かなり長い伏せ字がある。言論の制限がひどくなったことを示している」[19]と、深刻化する日本の言論統制について憂慮の念を示している。それらは、横田の平和主義、国際協調主義、そして満州事変を軍部がいう自衛の行動と認めない姿勢と軍部との間の認識の溝を埋めることが困難になっていたこと、それとともに横田が孤立感に襲われるようになることを物語る。

三　リットン報告書評価

そうした横田の指摘との関連でさらに興味深いことは、右で言論の自由に対する統制が始まったと横田自身が述べる一九三三年の前年、すなわち一九三二年にそうした言論の自由に対する制限が既に始まっていたということである。具体的には、同年一一月の『文藝春秋』に掲載された座談会「大学教授のリットン報告検討」のなかで、横田の発言にだけ伏せ字が用いられていたことがそれを物語る。

本座談会のために、『文藝春秋』が三段組で三一頁ものスペースを割いていることからも、同誌のリットン報告書に対する関心の大きさと力の入れ様、そしていうまでもなく日本にとっての問題の大きさ、深刻さが伝わって来る。出席者も翌一九三三年一月の『国際知識』に「世界の再認識と地方的《リージョナル》国際連盟」を執筆し、近い将来における日本の連盟脱退を予測し、その後の日本の依拠すべき国際秩序原理としての国際的地域主義の概念を日本で初めて世に問うた蠟山政道[20]をはじめ、高柳、土方成美、神川彦松そして横田らの東京帝国大学教授陣に加え、東京高等商業学校（現一橋大学）教授の上田貞次郎、それに松本が参加するという、そうそうたる顔触れであった。

討議は、蠟山を中心として、リットン調査団の対日態度及び方針に対する批判、調査団の中国観・満州観・日ソ関係観、自衛権及び満州国建国問題、調査団の結論、解決の原則とその手続き、以上の五点をテーマとして進められた。その内容は、満州問題、中国が近代的国家として認められるべきものか否かという中国の国家としての資質をめぐる問題、そしてリットン報告書を通じて示される連盟の日本の対満蒙政策に対する解釈・評価をめぐる問題などに対する当時の代表的自由主義的知識人の認識の一端も理解出来るなど、興味深いものがある。

ここでは、本座談会出席者によって示されたリットン報告書をめぐる不満、疑惑、見解の相違などと、それに対する横田の見解を中心にみることにしたい[21]。

横田は、既にみた「満州事変と国際連盟」と同じ視角に基づいた発言を展開する。まずリットン調査団の目的の主眼が将来の解決を志向することにあると声明しながら、過去の問題や責任問題について触れていることへの疑問や不満（高柳、神川）に対して、リットン調査団は過去の事実に関しては事実を曲げないように書く。但し、過去の事実から来る責任問題については言及していない。将来は過去の事実だけからは解決出来ないため、現在の既成事実を出発点として解決して行くという立場にある。それが満州問題を政治的に解決しようとする熟慮の反映であるとの理解を示す。

中国が近代的な国家か否かという問題を巡っては、リットン報告書では日本から出された「非認論」（蠟山の発言のママ）を否定していることに加え、本問題に対するリットン報告書の回答が十分ではないとの主張があり（蠟山）、日本では近い将来に中国が近代的な国家になることは到底ないとの認識が当然のごとくに流布しているのに対して、リットン報告書では中国が近代国家として育っていく可能性があるとしている。その結果、日本側の見方と根本的に異なることから報告書に対する非難が起き、強い懐疑を持たせているとの発言があった（高柳、神川）。

それに対して横田は、日本では中国が国家か否かという問題を社会学的にみており、中国の社会的状態に重きを置いて考えている。だが国家か否かを法律的にみれば、中国は国家といわねばならない。そのように、社会的状態からみるか、法律的にみるかによって両者の見解に差の生じる原因がある。元来法律というものは、性質上事実に則しない擬制を立てることが少ないものであるから、社会学的な状態と食い違うことは当然である。そこを政治的に調和して行くのが政治的立場である。それがワシントン会議での立場で、具体的には中国の発展を図り、列国の利益を確保するためには中国を分割することなく、統一したものとみて援助することが望ましいとした。果たしてそれが中国を発展させ、世界の利益になるかどうかは問題であるが、ワシントン会議の方針もリットン報告書もその建前に基づいていると述べる。同時に、中国に中央政府の樹立が可能かという疑問(神川)に対しても、もう少し時間的余裕を与えてみなければ分からないとの考えを示している。

リットン調査団の満州観をめぐっては、出席者から以下のような発言もなされている。リットン調査団は、漢民族が満州に移民し、満州を完全に中国化したと力説していること、満州の独立性の問題に関しては、満州の過去の事実に従えば、中央政府からの独立であり、中国人民の中国からの分離ではいささかもなかったこと、そういう意味の独立運動はなかったといった点を強く主張している。それは日本の主張を念頭に置いた駁論としか思えない。この点は遺憾であり、そうした結論はかなり政治的な結果を来すと思われる。この点は日本側と正面衝突せざるをえない(蠟山)。リットン調査団の調査が近代に限られ過ぎている。少なくとも清朝三〇〇年間においても満州は中国とは考えられない(神川)。リットン調査団の考え方は西洋の政治学の立場からいえば極めて普通の考え方であると思われるが、それが果たして東洋において当てはまるか否かは疑問である（高柳）。

以上の出席者の見解に対して、横田は、次のように自らの現実直視の姿勢を示す。曰く、われわれは満州が元来は独立のものであったとみたがる。しかし、リットン調査団は、現実には漢民族の移民によって満州が中国化されているから、その事実を忠実に述べたに過ぎない。そういう意味で、必ずしも不当な見方ではない。リットン調査団は、社会的事実に基づいて満州と中国との関係を重要視している。日本人が満州をどう思っているのかというイデオロギーの問題と事実の問題とは別であり、イデオロギーの問題よりも事実の問題の方が重要である。日本人の満州に対する態度は、日本が満州に進出し、発展しなければならないというイデオロギーが主であって、事実がそれに伴っていない、と。横田は、続けて満州に独立国を樹立する問題にも触れ、帝国主義によって国家を樹立することが不可能であるというよりも、樹立することが困難で、その困難を冒してまで国家を樹立することは経済的に負担が重い。従って、果たして日本の利益になるか否かが重要なポイントであると指摘する。それは、満州問題をめぐって横田がリットン調査団と同じ立場にあることを示すものでもある。

満州事変が日本の自衛権の発動か否かという問題については、リットン調査団が否定的態度を示していることに対して、最も驚いた、不謹慎、無思慮の行為、越権行為、軽率、遺憾という発言に象徴されるように、横田を除く出席者全員が不満の意を表している。それに対して、横田は、報告書に書いてあるような事実があったとすれば、国際法上はもちろん、実際問題としても関東軍の行動は自衛権の発動に当たらないとの立場をとる。

右の関東軍の行動が自衛権に当たるか否かをめぐる横田の発言が三カ所で伏せ字とされている。その内の一カ所はかなり長いものである。それらの部分は、文脈から推察すると、既に紹介した『帝国大学新聞』に寄稿した「満州事変と国際連盟――寧ろ当然の干渉」で述べるところと同じ趣旨であったと考えられる。

横田は続けて、リットン調査団が日本に対して不戦条約や九カ国条約に違反するといってしまえば全く動きがとれなくなるのだが、それをいい残しているところにリットン調査団の政治的配慮がうかがえると、過去の責任問題をめぐる場合と同様、将来の解決に向けた配慮のあることを認める。

さらには、リットン調査団がここで中国に花を持たせておいて、解決策を自衛か否かという事実からは導き出せない程に日本に有利にしようとのもう一つ上の政治的考慮が加えられているのかも知れないとの推察もあわせて行っている。この政治的配慮も、ヴィクター・A・G・B・リットン（Victor A.G.B. Lytton）が世界最大の植民地を有する英帝国の人間であり、インド・ベンガル州総督を務めた政治家であることを考えれば、表面上はともかく、満州問題や中国における排日運動に直面する日本に好意的であったと推察することもそう乱暴なことではない。

リットン調査団は現在及び将来において満州国が当時標榜していた善政をしくことが可能か否かという問題について否定的結論を下したが、それは理論上も実際上も大きな問題になる（蠟山）との見解に対し、横田は、日本だけで善政をしくことが経済的に政治的に可能かどうかについて疑問を提示する。そして国際協力がなく、中国が反対の態度を続けるならば、満州国の治安維持がますます困難になると予測し、それに基づいて連盟は国際協力路線で対処するようにいっていると、日本単独不可能論を展開する。

日満関係をめぐっては、本座談会ではめずらしく出席者間で見解の一致をみた。それらは、日満ブロックによる自給自足が不可能なこと、英帝国でさえも世界経済のなかで孤立出来ないとの例からも分かるように、排他的日満ブロック経済が取るに足りない問題であり、本ブロックは日満両国に不利益をもたらすこと、満州国を独立させると日中両国は永久に不仲となり、それに伴って中国では日本商品に対するボイコットが続くこと、その場合には日本が治安維持のために毎年二億数千万円を費やして行かねばならなくなるが、それをいつまで続ければ済むのかを真剣に考えねばならないこと、そしてその費用捻出は単なるインフレーション政策では不可能であることなどの点である。

日満関係の将来は、日中関係がいかなる趨勢をたどるかにより決定されること、その場合には、中国がどういった対日態度を採用するかによって大きく左右されること、その中国の態度は連盟及び米国がいかなる態度をとるかによって決定されること、とりわけ米国が満州事変を機に戦争禁止に関する規定に反する方法で発生した結果を承認しないとしたスティムソン主義に固執して中国を支援することになれば、中国の抗日が続くこと、しかし、米国が支援を停止すれば、早晩中国は急角度の転向をして、日中関係には革命的ともいえる変化を来すことといった見解（神川）も示された。横田は、この最後の点に関しては、異論を唱えた。その理由は、米国の支援停止はあり得ないとみていたことにある。従って、結局米国と連盟がどういった態度をとるかによって日満関係の将来は方向付けられる。殊に米国に関しては国際的協定が成立しない限り、現在の態度、すなわちスティムソン主義を継続すると主張する。

ここで、座談会のまとめに入り、蠟山がリットン報告書の提起する課題を次の二つの問題にまとめる。一つは、リットン調査団が支持したことは国際平和機構の尊重と、もう一つが現状では欠けていることであるが国際協力を積極的に推進することである。リットン調査団はこれら二つを原則として、一〇項目の原則的条件を提示してきた。しかし、満州国そのものの成立事情をめぐる日本とリットン調査団との見解の相違、並びに満州国の前途に対する日本とリットン調査団との相いれないほど大きな相違、満州国単独承認による新関係の展開などから、日本は右のリットン調査団の意向に同意出来ない。今後満州国を連盟がどう扱おうとするつもりなのか、それ次第では日本側には連盟と衝突してもよいし、現在の機構の束縛から脱してもよいという意気込みがある。従って、連盟と日本の対立は、結局のところリットン調査団の二つの原則と日本の政策のすりあわせが考察の中心ではないかという。

右の蠟山の発言に対し、横田は、日本としても国際協力により解決を図ることが最も利益に適うとの考えに立ち返って再考する必要があると述べ、発言を終えている。

横田の発言は、出席者の賛同を得られたわけではない。興味深い点は、最後に蠟山がまとめとして発言したその内容である。蠟山曰く、日本が満州国の承認を取り消せないのと同じように、連盟も二つの原則を否定出来ない。そこで、問題は双方が互いに引くに引けない状況に陥ったことである。これを両立させるのは、今後の政治的解決以外にない。すなわち、この問題を解決するものは、両者を超越したものによるより他にないと思うと語った点である。蠟山の念頭には、連盟未加盟の米国やソ連の参加を得た上で新設を期待する地域主義的組織と連盟との協調の構想あるいは妥協といったものがあったのかもしれない。しかし、その後の史的事実は、結局それを見出せず、日本が引くに引けないままに破局を迎えることを物語っている。

それはともかく、これまでにみた座談会の議論の様子から理解出来るように、横田は、あくまでも第一次世界大戦後の連盟を中心とする国際協調路線、ワシントン体制の遵守に基づく満州事変の解決を模索した。そして満州事変を自衛の行動と認めず、国際協力による問題の解決を求める姿勢を一貫して保ち、リットン報告書の真の意図が中国に花を持たせ、日本に実を与えようとしていることにあるとの解釈に立って、満州問題の解決のためには同報告書の意向に沿って満州事変以前への回帰と満州国建国以前への回帰しか術がないと主張した。それは、他の出席者とは一線を画す位置にあったことを物語る。それだからこそ、既述のように、横田の発言のみが伏せ字とされることになったといえる。

四　アジア・モンロー主義批判

横田は、「満州事変を裁く規約第一五条」（『中央公論』一九三三年一月号）、「危機をはらむ規約一五条四項」（『経済往来』一九三三年三月号）、「連盟脱退の後に来るもの」（『婦人之友』一九三三年四月号）、「スティムソン主義と世界の大勢」（『中央公論』一九三三年五月号）、そして「アジア・モンロー主義批判」（『中央公論』一九三三年七月号）などと、意欲的に執筆活動を行った。

それらの活動は、思想的自由が失われる大きな契機となる、文相鳩山一郎による一九三三年五月の京都大学教授滝川幸辰の自由主義思想を理由とする免官、それに対する教授陣や学生の抗議、あるいは抵抗運動を引き起こした滝川事件の最中のことであった。滝川事件は、いうまでもなく横田自身も身につまされる辛い事件であっただけに、危機感をもって執筆に臨んだと推測される。それらのうち、「アジア・モンロー主義批判」は、その後の日本の針路や日米関係の展開を考える時、とりわけ注意が払われるべき論考であった。そういう理由から、本稿の主旨について詳しくみておきたい。

横田は、「アジア・モンロー主義を批判すること、それが目的である」[22]と冒頭から極めて刺激的に論を起こしたように、世の中の右傾化や現状打破的傾向への挑戦を念頭に論究する姿勢を敢然と示した。

その手法として、次の疑問、反論を展開する。曰く、満州事変が勃発し、日本の言論界において急速にアジア・モンロー主義の声があがった。次にわが国が連盟脱退を決定すると、今後の外交指導としてアジア・モンロー主義を主張すべきとの論が盛んになった。そこで一体アジア・モンロー主義には十分な根拠があるのか、日本にはそれを主張するだけの正当な理由があるのかが問われねばならない。一般的には、米国が既にモンロー主義を主張しているのであるから、日本も当然アジア・モンロー主義を主張してよいと考えられている。果たしてそうなのであろうか。思い込みもしくは短絡的思考に陥っているのではないのか、と[23]。

その横田の理解するアジア・モンロー主義とは、以下の三点に帰する[24]。

① 日本がアジアに存在することから、米国やヨーロッパ諸国とは異なり、アジア、とりわけ中国において特殊権益を有するとの主張に裏付けられた行動原理に基づいていること。

さらに本主義には、日本の特殊権益を保障するために国際的には認められない特別の干渉を行えるという意味が込められていると考える。

② アジアの問題、とりわけ紛争に米国やヨーロッパ諸国の干渉を排除しようとすること。そのために、アジアにはアジアの特殊事情がある。この特殊事情を理解しない米国やヨーロッパ諸国がアジアの問題に干渉し、容喙することは不当である。従って、それらの国々はアジアの問題や紛争に干渉すべきではないと考える。満州事変に際して、国際連盟や米国の認識不足を叫んで、連盟の調査に反対し、米国の抗議を批判し、中国との直接交渉を主張したのは、明らかにそういった考えに基づくものに他ならない。

③ 米国やヨーロッパ諸国の支配下にあるアジアの領土を解放し、その民族を独立させようとすること。アジアはアジア人のものであり、アジア人のためにアジア人によって支配されるべきであるとの根本思想のもとに、アジアにおける米国やヨーロッパ諸国の支配を駆逐して、その支配下にある領土を解放し、民族を独立させようとする。さらにアジアの諸民族を結合し、日本がその盟主となり、米国やヨーロッパ諸国と対抗しようと考える。それは、大アジア主義、あるいはアジア団結論といわれることも少なくない。

続いて一八二三年一二月の米国大統領ジェームズ・モンロー（James Monroe）の教書を用いて、

いわゆるモンロー主義について次の三点を挙げて説明する。[25] それは、当然のことであるが、アジア・モンロー主義がモンロー主義をアジアに適用しようとするものであるから、その前提としてモンロー主義についての確かな理解が必要であると考えるからである。

① ヨーロッパ諸国がアメリカ大陸を将来の植民の対象とすることに反対すること。ヨーロッパ諸国の現存の植民地や属地に対して、米国は今までも干渉しなかったし、今後も干渉しないこと。

② ヨーロッパ諸国がアメリカ大陸に、その政治組織を延長することに反対すること。ヨーロッパ諸国がアメリカ大陸に政治組織を延長することは、米国の平和と幸福を害することなくしては不可能であること。従って、いかなる形式にせよそのような干渉を米国として無関心に傍観することは出来ないこと。

③ ヨーロッパ諸国の内政に米国は干渉しないこと。

次の作業として、横田はアジア・モンロー主義とモンロー主義そのものを比較検討し、アジア・モンロー主義が十分に根拠のあるものかどうかを次の三点から考察する。[26]

①　アジア・モンロー主義は、アジアにおける日本の特殊権益を主張しようとする。モンロー主義にはそういった内容がない。米国は、自国のために優先的な特別の権利や利益を要求し、それを保障するために、一般的に認められない特別の干渉の権利を主張することがない。またモンロー主義は、アメリカ大陸における米国の特殊権益の主張を含まない。従って、アジア・モンロー主義としても、アジアにおける日本の特殊権益の主張を含むことは出来ないのであり、特殊権益を要求し、特別の干渉の権利を主張することは不当であり、根拠がない。少なくとも、モンロー主義に準ずるものとしてのアジア・モンロー主義としてはそうである。米国もカリブ地方にしばしば干渉したといわれるかもしれないが、それは特殊の干渉権を主張したとはいえ、必ずしも特殊権益を要求しないカリブ政策であって、モンロー主義と混同してはならない。従って、日本がアジアで特殊権益を要求するのであれば、それはモンロー主義とカリビアン政策を混同し、モンロー主義のもとに主張されていないことを主張するだけでなく、カリビアン政策のもとにおいてすら主張されていないことを主張するものである。そういう意味で、二重の誤謬を犯すことになる。

②　アジア・モンロー主義とモンロー主義は、他の大陸からの干渉を排斥する点において同一である。しかし、同時に重要な差異がある。アジア・モンロー主義は、アジアの問題や紛争に対する一切の干渉を排斥しようとするのであって、単にアジア諸国の独立を侵害し、

アジア大陸で新たに領土を獲得するための干渉に限らない。モンロー主義の場合には、アメリカ大陸諸国の独立を侵害し、アメリカ大陸で新たに領土を獲得するための干渉を排斥するのみである。その他の干渉は必ずしも排斥しない。アジア・モンロー主義は、モンロー主義よりもはるかに範囲が広い。同時に、アジア・モンロー主義は、モンロー主義に準じて主張されるのであるから、モンロー主義の範囲よりも広い範囲で主張することが出来ないことは当然であり、その広い限りにおいて根拠がなく、不当であるといわねばならない。

ここで特別の注意を喚起しなければならないことは、紛争の平和的解決の問題であるということ。例えばアジアの二国間に紛争が発生した場合、アジア・モンロー主義を理由として、ヨーロッパ諸国や米国の関与を排斥することが可能であろうか。満州事変の際に、アジア・モンロー主義が盛んに主張されたのは、国際連盟の調査や米国の関与に反対するためであったことから、本問題は特に注意されねばならない。モンロー主義そのものによって排斥される行為のなかには、紛争の解決のための関与が含まれない。すなわち紛争の平和的解決の問題は、モンロー主義の範囲外の問題であることが明らかである。そうであれば、満州事変の際にアジア・モンロー主義を主張して連盟の調査や米国の関与に反対しようとしたことには、十分の根拠がない。さらに、アジア・モンロー主義がそのような目的のためのものであるとするならば、本主義そのものがほとんど根拠を欠くものとみなければばならない。

③　アジア・モンロー主義は、米国やヨーロッパ諸国の支配下にあるアジアの領土を解放し、その民族を独立させようとしている。しかし、それはモンロー主義に照らして正当とはいえない。モンロー主義は、アメリカ大陸がヨーロッパ諸国の植民の対象と考えられるべきではないといっているが、それはあくまでも今後、つまり将来のことであって、既に確立されたそれまでの植民地を問題にしているのではない。従って、アジア・モンロー主義の名のもとにヨーロッパ諸国や米国の支配のもとにあるアジアの領土を解放し、民族を独立させようとすることには根拠がなく、不当であるといわねばならない。

以上から、アジア・モンロー主義は、モンロー主義に対する日本側の理解不足、もしくは自らに都合の良い独善的解釈に基づくものであって、日本が唱えるような内容では主張し得ないものであることが分かる。従って、横田は、日本が今後もアジア・モンロー主義を主張し続けるためには、モンロー主義と同一の内容に修正する必要があるという。

もう一つ重要な点として、横田は米国がモンロー主義の尊重を他の国々に要求出来る理由として、同主義の内容の合理性に加えて、それが準国際的承認を得た準国際法的地位を得ていることを挙げる。

モンロー主義は、いうまでもなく最初に声明された時も、またその後においても、直接に国際的合意の対象となったことはない。条約によって承認を得たものでもない。そういう意味からすると、正式に国際的承認を得たものではなく、正式の国際法的地位を有するものでもない。

だが他方において、モンロー主義は最初の声明から既に一〇〇年を超え、その間に多くの機会に有効に適用されてきたことから、非公式に国際的承認を得たものと見做して差し支えない。特に最近では、間接的に条約で承認されるようになっている。例えば、連盟規約第二一条において、本規約はモンロー主義の効力に何等の影響も及ぼさないと規定されている。連盟にはほとんどの国が加盟していることから、連盟規約で間接的にとはいえ承認されたことは、ほとんど全世界の国々から間接的に承認されたことを意味する。

同様に、米国は一九二八年にフランスと仲裁裁判条約を締結して以来、二〇数カ国と同様の条約を締結している。それらのなかにおいて、モンロー主義に関する紛争は裁判義務から除外するとしている。それは、締約国がモンロー主義を間接的に承認したことを意味する。それゆえ、モンロー主義は間接的に条約上の根拠を有するものであり、それが一〇〇年に余る歴史と慣行を持つことと相まって、少なくとも準国際的承認を得たもの、準国際法的地位を有するものということが出来る。米国が他の国々に向かってモンロー主義を主張し、それを尊重するよう求めることが出来るのは、それに基づいている。

一方、アジア・モンロー主義の場合には、日本政府が公式に主張した例がなく、ましてや実際にそれを適用したこともない。同様に、条約で間接的に承認されたこともない。それは国際的承認を欠くものであり、なんらの国際的地位も持たない。つまり、日本が他の国に向かってアジア・モンロー主義を主張し、その尊重を求める根拠を欠くことを意味する。従って、米国のモンロー主義とは全く異なるものであることからも明らかなように、米国がモンロー主義を主張するからといって、日本がアジア・モンロー主義を主張してよいことにはならない。

日本があくまでもアジア・モンロー主義を主張しようとするのであれば、その前提として国際的承認を求め、国際法的地位を獲得しなければならない。そのためには、まずモンロー主義のように一方的宣言によってこの主義を声明し、長期間にわたって本主義を有効に維持し慣用化するか、あるいは国際条約によって他の国々の同意を得ねばならない。米国のモンロー主義が国際社会において尊重されているからといって、日本のアジア・モンロー主義が当然尊重されるべきであると主張することは出来ない(27)。

以上で、横田はアジア・モンロー主義批判を終えるが、最後に次の見識を示す。政治的独立と領土保全に対する外部からの侵害を排斥することについては、連盟規約、不戦条約、及び一九二一年一一月からワシントンで開催されたワシントン会議において成立した中国の独立、領土保全、門戸開放、機会均等を定めた中国に関する「九カ国条約」、さらに日英同盟に代わり日、英、米、仏の四カ国での太平洋地域の現状維持を意図した太平洋に関する「四カ国条約」によって既に幾重にも保障が与えられている。しかも、必要な場合には条約に基づく国際法の権利として侵害を排斥することも出来る。従ってアジア・モンロー主義のように国際的承認を得ない限り権利として主張出来ないものと比較して遥かに有効で有力なものではないか、と。(28)

つまり横田は、日本にふさわしい道がアジア・モンロー主義を主張することではなく、既にある平和確保の諸条約を十分に尊重し、活用することであるとの見識に基づいて、連盟において満州事変を平和裏に解決することが望ましいと考えた。それは、国際的孤立が日本の安全を脅かし、軍事費の膨張、財政圧迫、国民生活の窮迫などをもたらすとの視点から警鐘を鳴らし、同時に平和裏に解決することが結局は日本の国益に適うとの立場から、日本外交の機軸を国際協調路線に復帰させるように軍主導の独善的自主路線の修正を求めるものであった。

いうまでもなく、日本は連盟に加盟し、不戦条約、中国に関する九カ国条約、太平洋に関する四カ国条約の批准国である。その点を考慮する時、連盟規約をはじめ、それらの既存の条約に基づいて行動すること、換言すれば国際協調路線に基づいて行動することが日本の国益に適い、アジア・モンロー主義を掲げることが国益に反するという横田の見方は、理に適っている。

しかし、横田の意図は伝わらず、とりわけ論文では伏せ字にもされた満州事変が日本の自衛の範囲であることを否定する横田の論に対する軍部、右翼、一部の政治家や言論人の反発を強め、横田の立場を、ひいては日本の立場を著しく困難にしたのである。

五　太平洋問題調査会（ＩＰＲ）第五回バンフ会議への提案

横田は、一九三三年八月に二週間にわたってカナダのバンフにおいて開催されたＩＰＲ第五回大会（以下、バンフ会議という）に、自らは出席しなかったが、東京帝大教授の高木八尺と連名でデータ・ペーパー「太平洋の平和機構に関する若干の考察」を提出した。

バンフ会議の主題は、「太平洋に於ける経済上の利害の衝突並にそれの統制」が選定された。それについては、「従来の太平洋に於ける平和機関に種々の欠陥が多く、然も実際の経済上の進展とその歩調を一にしてゐないがために、国際関係に不必要なる無理を発生せしめてゐる。従つて、此の太平洋に於ける平和機関の問題を云々するためにはその根底に帰つて一応太平洋の経済関係を明らかにし、その動向を研究するの必要がある。国際間に於ける経済関係の実情を詳にすることに依つて、又経済上の必要を知ることに依つて、新しき国際関係の基準を見出し得るのではないか、と云ふのが此の問題を選択した理由である」[29]との説明がある。

それに対して、日本ＩＰＲは「経済問題の討議のみを以てしては、太平洋問題の解決に不十分の点多きを示し、実際の事情の変化に伴ひ、従来の条約関係その他の政治上の諸関係が、当然それに適応すべく改変せしめらるべきであることを考慮し、之に基て論議討究すべきこと」[30]を提案している。

しかしながら、日本の提案は入れられなかった。すると一九三二年六月末に市政会館内の新日本同盟を会場に、横田をはじめとして前田、那須皓、浦松佐美太郎、松本、蠟山らの出席のもとに開催された日本IPRの第四三回理事会の席上、「過去の会議に於て研究討議せる結果を総合して、その観点よりして限定されたる問題に就て更に深く研究せんとするものと了解して之に賛同することとす」[31]と、条件を付けながらもバンフ会議のテーマとすることに同意せざるを得なかった。

その背景には、一九三一年九月の満州事変の勃発、翌一〇月の英米の強い反発を招くことになる日本軍の満鉄沿線から遠く離れた錦州への爆撃、それに誘発された形の三二年一月のスティムソン・ドクトリン（不承認政策）通達、列強の日本に対する反発を強めた一月の第一次上海事変の勃発、三月の満州国建国と連盟臨時総会における満州新国家非承認主義の採択、八月の「焦土外交」との異名をとることになる外相内田康哉の満州国承認に関する決意表明、九月の日本の満州国承認、翌三三年二月の連盟一九カ国委員会による日本軍の満鉄附属地への撤退勧告、中国の満州統治権承認の勧告採択、そして日本の満州国承認の論理的帰結でもある同年三月の連盟への脱退通告など、一連の事態の推移とその過程でのわが国の国際的孤立があった。

その結果、興味深いことは、連盟、あるいはＩＰＲにおいて日中の立場の逆転をみたことである。具体的には、それまでの中国は外に対して被害者的、排外的な姿勢を示し、連盟をも含めて国際会議を中国の利益を損なう大国の取引の場と不信の目でみる傾向が強く、満州問題の解決をめぐっても日中間の二国間協議による解決を主張していた。だが一九三二年頃から列国、連盟、そして国際世論が自国に有利に傾いたと認識するようになり、満州問題の解決を多国間協議の場、換言すれば連盟を主要な舞台とする解決を求める姿勢へと変更した。それとは対照的に、日本はそれまでの多国間協議を通じての満州問題の解決に消極的姿勢を示しはじめ、満州問題の特異性、複雑性は当事者を除いて、とりわけ欧米諸国には理解不能との立場から、日中両当事者の二国間協議による問題解決を主張するようになったことである。

日本国内においては、そうした動きと符合して欧米追随批判やいわゆる自主外交を求める主張の高揚、民族主義的・国粋主義的感情の発露がなされ、列国による日本の処遇の不公平感が堰を切ったように噴出した。具体的には、三二年二月の血盟団員による日本ＩＰＲ理事長や蔵相をつとめた井上準之助暗殺事件、同年三月のやはり日本ＩＰＲの有力会員であり三井合名理事長であった団琢磨暗殺事件、同五月の青年将校による五・一五事件等の相次ぐ発生である。それらは、その後の日本の歩みに一つの時代の流れを創出したといえる。

同時に、それらは第一次世界大戦後の日本の国際協調主義に対する反発あるいは反動という側面を強く反映していたことから、以降の時代は国際協調主義を唱える自由主義的知識人にとっては、横田にいわせれば肩身の狭い、場合によっては身の危険をも感じる陰欝なそれとなっていく。

それを象徴的に物語る事例は、一九三三年一月一一日に警視総監藤沼庄平が内相山本達雄と外相内田に送った文書「太平洋問題調査会ノ行動ニ関スル件」によって、日本ＩＰＲの活動そのものが従来とは異なって利敵行為、ないしは敵性機関として危険視されはじめたことである。(32)

そんななかでも横田は主義主張が一貫し、かつ学問的であった。それは、既にみた一九三三年七月に「アジア・モンロー主義批判」という明晰な論を『中央公論』誌上において展開したことからも理解出来る。

話を戻したい。それでは、バンフ会議に向けて横田のパートナーとして共同作業を行った高木八尺はいかなる立場にあったのか。

高木の拠って立つ価値観は、基本的には横田と同様に連盟規約、不戦条約、ワシントン体制を支持する国際協調路線と紛争の平和的解決を模索する路線をよしとするものであった。しかし、アプローチは国際法専攻の横田と異なり、米国研究者としてのそれである。その高木の当時の主張や立場をよく示すものとして『改造』の一九三二年九月号に掲載された「満州問題と米国膨張史の回顧」が挙げられる。本論文には、「自主外交に対する自由主義的見解」という副題が付けられていることからも明らかなように、米国を熟知するものにふさわしく、米国の膨張史及びモンロー主義を日本の満州問題及びアジア・モンロー主義と比較分析し、日本のいわゆる自主外交に対する自由主義者の批判的見解を示したものである。

高木は、執筆の問題関心を横田とは異なり慎重な表現を用いて次のように述べる。(33)

私は近時の「自主外交」の主張の由来及其重要性に対して、十分の理解と同感を頒つ事に於て敢て人後に落ちないと信ずる者であるが、しかも緒論に於ては必しも多数の論者と一致せざる見解を持つ。世界大戦以来の、遅々たりと雖《いえども》根柢深き、国際主義の動向を無視することは、向上の道程に一大長足を進めんとする人類に対して逆転を求むるに等しいのではないか。

国際平和機構の真意義に関し、我国民が真正の把握を必要とする事今日の如く急なるはない、と私は信ずる……自主外交の真面目は果たして那辺に求むべきであらうか。

以上の点を明確にするために、まず高木はモンロー主義と、一九世紀半ばのテキサス併合の正当化やその後の西部さらには海外領土を求めるために繰り返し主張された「明白な使命」(Manifest Destiny) の回顧、その国民主義的特質についての分析から始める。

そのなかで、高木がとりわけ重視したのは、モンロー主義と明白な使命の二点である。それらはともに国民主義、ないしは帝国主義という一九世紀的色彩を帯びた世界思潮の米国的発顕であるということであり、二〇世紀に入ってから日本が唱えた膨張主義やアジア・モンロー主義が国際社会においては是認されるものではないと主張する。その背景には、横田との共通認識でもあるが、ウイルソン流の外交思潮、連盟、ロカルノ条約、不戦条約などを骨子とする国際平和機構の建設によって、戦争に代わって紛争の平和的解決方法を採用し、国策の具としての戦争の廃絶を決意し、「人類は今や其発達史上に一つの大きな曲り角を廻」(34)り、国家主権から世界主権への推移の途上にある同世紀においては、戦争が時代錯誤であるとの認識があった。

従って、高木は、満州事変後にいわゆる自主外交の唱導、日本の生命線として、また聖地としての満州の強調、欧米追随外交に対する非難や排斥、連盟脱退の主張といった強硬論の高揚、その論理的帰結としての主戦論、軍拡論の台頭を憂いた。そうした視点から、高木はあくまでも満州問題について、関係諸国の参加する国際会議の場での解決を是とし、相互依存関係の錯綜する国際社会においては、戦争の場合と同様、二国間の問題としての解決法に終始することが出来ないと主張する。(35)

横田と高木のアプローチは異なるとはいえ、その帰結は一致する。それは、両者がともに第一次世界大戦後の国際社会が歴史の大きな曲り角を廻り、戦争という手段を放棄し、国際協調主義に基づき紛争の平和的解決をはかっていくべきであるとの認識を共有していたことによる。遺憾なことに、日本の場合には、日本が連盟に加盟し、不戦条約に調印し批准をしていたにもかかわらず、高木や横田のような認識が総じて希薄ないしは欠如していたといえる。

ところで横田と高木両名の共同作成の太平洋における平和機関の改善策に関するデータ・ペーパーの全文は、『国際法外交雑誌』一九三三年一〇月号（第三二巻一〇号）と『太平洋の諸問題、一九三三年――経済紛争と管理』（PROBLEMS OF THE PACIFIC, 1933: ECONOMIC CONFLICT AND CONTROL）の双方に所収されている。[36] それは、横田と高木の独創的な発想に基づくというよりも、パリ不戦条約を起草したことでも有名であったコロンビア大学教授のジェームズ・T・ショットウェル（James T. Shotwell）が一九二七（昭和二）年の第二回ハワイ会議に提出した恒久平和条約案から着想を得たものである。[37]

ショットウェルの恒久平和条約案の核は、第一に戦争の否認であり、その規程はほぼロカルノ条約から採用したものである。第二は、紛争の平和的処理であって、その方法としては仲裁裁判（司法的解決法）及び調停制度を設定していることである。そして第三は、本条約案の特色として見過ごすことが出来ない点であるが、連盟に未加盟の米国と国際機関との関係調整、ないしは協力関係の創出を試みた点にある。従って、既に連盟に脱退を通告していた日本にとって、ショットウェルの案は示唆に富むものであった。

横田、高木両名の用意したバンフ会議用データ・ペーパー「太平洋の平和機構再建設に関する若干の考察」は、満州事変の経験に照らしてなぜ既存の世界平和機構が十分に機能しなかったのかについての原因究明から始め、今後の各国共同の検討課題として次の三点を提出したものである。その動機について、「太平洋の平和機構再建設」を具体化する方式として太平洋協定という安全保障条約の一試案を起草したからであると高木が述べている。(38)

㈠　世界諸民族間に経済的政治的不平等不公正の現存するに対し、既存の平和機構はかゝる状態の軽減に対する建設的行動の途を備ふること薄き事実が一大困難なりしことを認め、国際的公正の要請に基いて、其実現のために強国の根本的反省より発足する諸方法を講ずべきこと、

㈡　太平洋区域に於ける国際社会の特殊事情より生ずる障碍を認め、各国家の任務、殊に国際関係に於ける義務遂行の要請に基き、将来に於て之を可能ならしめ助成せんが為め、又太平洋区域の安定の基礎たらしめんため、世界の平和機構を補強する「太平洋協定」の締結に向つて努力すべきこと、

㈢　過度なる国家主義に伴ふ障碍を認め、其節制ある発達を期すると同時に、従来の国際主義の精算更正と醍健なる国際主義の発育を求め、其の新しき意義に於いて太平洋の協

定と世界に於ける国際協調の新秩序の樹立を企画すべきこと、

横田、高木による共同提案の基本構想は、太平洋地域を一つの区域として限定し、連盟に加盟していないが本区域に大きく関わり、影響力も大きな米国、ソヴィエト、そして連盟から脱退することとなった日本を中心とする太平洋平和機関の新たな設立を意図したものである。しかし、両名には、それによって日本の軍事的膨張主義を正当化する意図はなく、既存の連盟が十分に機能しなかった点を踏まえて、連盟を補強する目的をもって提案したものである。

バンフ会議に参加した高木は、本構想が予想以上に参加会員の注意を引いたと述べる[39]。しかし同時に、もとよりその即時実行が不可能であることを自らも認めていたことから、遠くない将来の適当な機会に関係諸国間で協定の交渉開始を希望するとの態度をとったとも説明している。ここから両者の提案、すなわち日本IPRの提案が直ちに受け入れられると考えるほどには楽観的ではなかったことが察せられる[40]。それに関しては、浦松が「日本側から此の案が提出されたことは、各国にとつては、驚きであつたらしい。それ程日本が、国際社会に於て、不利な立場に陥つてゐたことも、之によつて了解されるわけである[41]」とため息をつくように述べるところが物語る。

では横田、高木の共同提案は、バンフ会議の討議のなかでどのように受け止められたのであろうか。まず討議の場における中国ＩＰＲの会員の態度は「満州国承認の問題との牽連を理由として、考慮の余地なしとの駁撃を蒙った」[42]と高木自身が述べていることからも明らかなように、中国ＩＰＲの会員に受け入れられる余地は当初からなかった。

中国ＩＰＲ会員以外の反応については、「太平洋事情、一九三一―一九三三」からある程度考察が可能である。それによれば、高木自身も承知していたように、横田と高木の共同提案は直ちに実行可能な案ではないこと。それを認めるにやぶさかでないとしても、本提案には第一にオランダ、カナダ、オーストラリア、ニュージーランドといったＩＰＲの参加グループが含まれていないこと。第二には、本提案でいう区域の協定のなかにおいて国際的に国家として承認されていない満州国の位置付けが不明確であること。それとの関連でいうならば、満州問題を解決し満州の地位を保障する区域協定（連盟という枠組みのなかの一種の太平洋ロカルノ）は望ましいものかも知れないが、本目的のためであれば、太平洋地域の全ての国を含む形の協定を締結する必要性はないこと。第三に、そしてこれは平和の問題は世界的なものであるとの立場に立脚する会員から最も強い反発を招いた点であるが、世界の平和機関を分散させ、また連盟の権威を傷付けるものは、たとえいかなる提案といえども反対されるべきこと。[43]以上に、大方の会員の反応は集約出来る。

以上のように、横田、高木には気の毒であったが、日本ＩＰＲの会員である両名の共同提案がバンフ会議において好意的に迎えられなかったことは、驚くにあたらない。

そのことは、同時に日本の国際協調主義からの一歩後退、国際場裡における日中の立場の逆転と日本の孤立する姿、そして国内的には自由主義者の孤立した姿を映し出すものであった。またバンフ会議終了後、日本IPR理事長の新渡戸が精神的肉体的に疲労困憊し、一〇月一六日に静養先のヴィクトリア市において客死したことは、その後の日本IPR、そして日本の前途を暗示して余りあるようである。

注

(1) 横田、前掲『余生の余生』一二五頁。

(2)「二八　満州事変と国際連盟(横田喜三郎〔昭和六年〕『帝国大学新聞』十月五日付)」小林龍夫・島田俊彦・稲葉正夫編『現代史資料　続・満州事変』第一一巻、みすず書房、一九六五年、五三七頁。

(3) 横田喜三郎「満州事変と国際連盟――寧ろ当然の干渉」『帝国大学新聞』一九三一年一〇月五日付。

(4) 同右参照。

(5) 横田、前掲『余生の余生』一二五―一二六頁参照。

(6) 同右、一二六頁参照。

(7) 本調査会は、連盟、汎米会議とともに世界三大会議の一つと称され、一九二五年にハワイに本部を設け(三三年にニューヨークへ移転)、米国本土、日本、中国、朝鮮、フィリピン、オーストラリア、ニュージーランド、カナダに支部を置く形で民間の秀でた自由主義的経済人、学者、有識者、宗教人を中心に始められた歴史的にも初の本格的民間の国際交流団体である。会員は、科学的実証的研究成果を持って個人の資格で二、三年に一度開催される大会（会議ともいう）に参加し、討議の場で人種問題、民族主義問題に象徴される東西対立問題、貿易、生活水準などの太平洋地域が直面する東西対立問題の討議、あるいは比較研究を行い、太平洋地域が抱える問題についての共通理解を求め、太平洋地域を文字通り平和の海とすることを意図したものである。なお大会は、第一回と第二回が太平洋の真ん中ハワイで一九二五年と二七年に、第三回は京都で二九年にそれぞれ開催され、移民問題、満州問題などを中心に討議、研究された。以後、一九六一年まで活動を続けた。但し、日本IPRは、それに先立つ一九五九年に解散した。IPRについては、原覚天『現代アジア研究成立史論』（勁草書房、一九八四年）、山岡道男『「太平洋問題調査会」研究』（龍渓書舎、一九九七年）、Tomoko Akami, *Internationalizing the Pacific: The United States, Japan, and the Institute of Pacific Relations in War and Peace, 1919-45* (London: Routledge, 2002)、片桐庸夫『太平洋問題調査会の研究——戦間期日本IPRの活動を中心として』（慶應義塾大学出版会、二〇〇三年）、油井大三郎『増補 未完の占領改革——アメリカ知識人と捨てられた日本民主化構想』（東京大学出版会、二〇一六年）などがある。

（8）太平洋問題調査会の設立の経緯、組織、目的、そして理念、太平洋問題調査会第四回杭州・上海大会（実態は上海大会）、後出の第五回バンフ会議については、前掲拙著参照。

（9）横田、前掲『余生の余生』一二七頁。

（10）同右、一二八頁参照。

（11）同右、一二九頁。

（12）同右。

（13）同右。

(14) 同右。
(15) 同右、一二九―一三〇頁参照。
(16) 同右、一三一頁参照。
(17) 同右参照。
(18) 横田、前掲『私の一生』一三四頁。
(19) 同右、一三五頁。
(20) 三谷太一郎『日本の近代とは何であったのか――問題史的考察』岩波書店、二〇一七年、一九〇頁参照。蠟山の提唱した国際的地域主義は、結局連盟のグローバリズムに対抗するアジア・モンロー主義や大東亜共栄圏擁護のイデオロギーとしての役割を果たすことになる。
(21) 「座談会　大学教授のリットン報告検討」『文藝春秋』一九三二年一一月号、一〇八―一三九頁参照。
(22) 横田喜三郎「アジア・モンロー主義批判」『中央公論』一九三三年七月号、第四八巻七号、九二頁。
(23) 同右参照。
(24) 同右、九三―九四頁参照。
(25) 同右、九五―九六頁参照。
(26) 同右、九六―一〇〇頁参照。
(27) 同右、一〇二―一〇三頁参照。
(28) 同右、一〇四頁参照。
(29) 一九三二年二月二一日付「太平洋問題事業報告書」(東京大学大学院総合文化研究科附属アメリカ太平洋地域研究センター「高木文庫」所蔵文書参照。以下『高木ペーパー』と呼ぶ)。
(30) 同右。
(31) 一九三二年六月二九日付「第四拾三回理事会報告」『高木ペーパー』。

(32) 一九三三年一月一一日付警視総監藤沼正平発外相内田康哉宛電信外秘第二三三号「太平洋問題調査会ノ行動ニ関スル件」(外務省外交史料館所蔵記録『太平洋問題調査会関係一件』第八巻)参照。
(33) 高木八尺「満州問題と米国膨張史の回顧——自主外交に対する自由主義的見解」『改造』一九三二年九月号、七八—七九頁。
(34) 同右、八九頁。
(35) 同右、九〇頁参照。
(36) Y. Takaki and K. Yokota, "Some Consideration on Future Reconstruction of Peace Machinery in the Pacific" の全文は、『国際法外交雑誌』一九三三年一〇月号、第三二巻一〇号、七一—一一〇頁、及び Yasaka Takaki and Kisaburo Yokota, "A Security Pact for the Pacific." Bruno Lasker and William Holland eds., *PROBLEMS OF THE PACIFIC, 1933: Economic Conflict and Control* (London: Oxford University Press, 1934) pp. 441-450 を参照のこと。
(37) 本件については、"JAMES T. SHOTWELL AND J. P. CHANBERLAIN, DRAFT TREATY OF PERMANENT PEACE BETWEEN THE UNITED STATES OF AMERICA...", *Proceedings of the Second Conference of the Institute of Pacific Relations, Honolulu, Hawaii, July 15 to 29, 1927*, edited by J. B. Condrife (University of Chicago Press, 1928) pp. 503-512 を参照のこと。
(38) 高木八尺「太平洋に於ける平和機構の問題」『国際知識』一九三五年三月号、二〇—二一頁。
(39) 同右、二〇頁。
(40) 同右、二一頁。
(41) 浦松佐美太郎「第五回太平洋会議の全貌」『国際評論』一九三三年一二月号、一七一—一七二頁。
(42) 高木、前掲「太平洋に於ける平和機構の問題」二一頁。
(43) "THE PACIFIC SCENE, 1931-1933," in Lasker and Holland, *op. cit.*, p. 13 参照。

第三章　戦争の危機と国際法の不完全性

一　国際連盟の没落?

横田喜三郎は、日本の連盟脱退通告を受けて一九三四年一月の『中央公論』に「国際連盟の没落?」を執筆する。

その動機は、一九三三年三月の日本の連盟脱退通告、同年一〇月のドイツの脱退通告と、わずか半年間に有力な連盟加盟国の二つまでが脱退の手続きをとったこと、それを受けて日本を含む世界の新聞の多くが連盟にとって痛手であると報道したこと、その結果として連盟の没落すら云々される状況が生まれたこと、逆に日本においては連盟の没落を待ち望むかのような空気が醸成されつつあること、それに対する横田自身の懸念と反発、そして国際協調の重要性とそれが結局のところ日本の国益に適うことを訴えようとしたことにある。

そのなかで横田が明らかにしようとしたことは、二点ある。第一点は、「国際連盟は果たして没落するであろうか」[1]という疑問であり、第二点は、「仮に連盟が没落するとすれば、その後に来るものは何であろうか。連盟の没落は何を意味し、その結果は何であるか」[2]という疑問である。

第一の点については、達観した姿勢を失うことなく次のように述べる。[3]

日本の脱退によつて、連盟は少なからず全世界的の性質を弱め、ヨーロッパ限りのものとなる気味があり、ドイツの脱退によつて、全ヨーロッパ的の性質すらも失う傾向がある。特に、ドイツの脱退は、連盟の本部がヨーロッパにあり、その活動が今までヨーロッパを中心として行われて来ただけに、連盟にとつて一層大きな打撃でなければならぬ。

しかし、そのために、今にも連盟が没落するように考えるならば、それは恐らくあまりに思いすぎであろう。日本が去り、ドイツが去つても、まだ後にイギリスがあり、フランスがあり、イタリアがある。しかも、これらの国家こそ、最初からの連盟の柱石であり、原動力であつたことを記憶しなければならぬ。ドイツなどは一九二六年になつて初めて加入したのであり、加入後は有力な連盟国となつたけれども、最初からの柱石ではない。その加入する前に、連盟は既に充分に確立していたのであり、その脱退は、ある程度まで、連盟がドイツの加入前の状態に復帰したにすぎない。日本について見ても、なるほど、日本は最初からの連盟国であり、殊に、常任理事国としての重要な地位を占めていた。しかし、公平に見て、日本が連盟の柱石であり、原動力であつたと言い得るかは頗る疑問である。

第二の点については、その結果の危険性を的確な予測も含めて次のように指摘する。[4]

日本やドイツの脱退に基いて生じる国際情勢が永続し、発展していったならば、つひには連盟が没落するに至らないとも限らない。その時は、実は、単に連盟が没落するばかりでなく、平和と安全のための協力が破綻する時であり、国際平和そのものが破壊される時である。このことは、ある程度まで、日本やドイツの脱退の後に必然的に来るものでもある……それは第二の世界大戦に外ならぬ……もとより、連盟そのものが没落するか否か、それに対して吾々がいかに考えるべきかは、必ずしも第一次的に重要な問題ではない……第一次的に重要なのは、疑いもなく、平和と安全のための国際協力そのものにある……即ち、平和と安全のために国際的に協力すべきであるか。それとも、この協力を拒絶し、独力でこの国家の安全を維持すべきであるか……これらの二つの道のいずれかを選択しなければならない。前者を選択するとすれば、連盟が努力して来たように、広くは世界が世界大戦後に努力して来たように、安全保障、紛争の平和的解決、軍備縮少の三原則を相互に併行して確立すべきことになる。第一に、安全保障として、諸国家が互に他国に対して攻撃、侵入、戦争をしないことを約し、この約束に違反する国家があれば、その相手国に対して他の諸国家が援助を与えることと《ママ》し、第二に、紛争の平和的解決として、一切の紛争を裁判、調停、その他の平和的手続きによって解決すべきことゝし、第三に、軍備縮少として、相互に軍備を必要な最小限度にまで縮少すべきことになるのである。それによって……国家の財政と国民の生活を脅かすとゆう《ママ》ことなくして、国家の安全が確保される。

これに反して、後者を選択すれば、他の国家とは敵対的の対立関係に立ち、自国の安全は専ら軍備によらねばならなくなる。

その結果は必然的に軍備の充実、拡張である。しかし、そうなると……必ず軍備の競争が起り……却って戦争の脅威が切迫する。のみならず、他方で、軍備の充実、拡張に要する多大の軍事費は国家の財政と国民の生活に大きな圧迫を加える。かように見て来れば、これらの二つの道のいづれを選択すべきかは、言わずして何人にも明瞭であろう。

右を通して横田のいわんとしていることの根底には、「アジア・モンロー主義批判」と同様に一貫したものが流れている。それは、いかにも冷静かつ透徹した論理に基づく分析を行う国際法学者然として、平和と安全のための国際協力を大前提とし、日本が国際協調路線を踏襲しつつ、連盟規約、不戦条約、中国に関する九カ国条約、そして太平洋に関する四カ国条約といった既存の平和確保のための諸条約を遵守することが、結局は世界平和と日本の国益に適うということである。

厳しい内外の状況をめぐる環境のもとで、横田は次に一九三四年八月号の『国際法外交雑誌』に「スティムソン主義の国際法化」を執筆する。

それは、一九三二年一月に国務長官のヘンリー・L・スティムソン（Henry L. Stimson）によって日中両国に対して発せられた、一九二八年の不戦条約の約束と義務に違反する方法によって生じた一切の事態、条約、協定を承認しないというスティムソン・ドクトリンが、満州事変という特殊な事例にのみ適用されるという性質のものから、条約上の規則となるまでに飛躍的に発展し、その結果としてスティムソン・ドクトリンの性質に変化をもたらしたことを考察したものである。

横田は、その変化の契機を、一九三二年から三八年にかけてパラグアイとボリビア間の国境未確定地帯において石油資源が埋蔵されているとの見込みから戦われたチャコ紛争に対処するために、一九三三年一〇月にラテンアメリカ六カ国によって不侵略と調停に関する不戦条約（Anti-War Treaty on Non-Aggression and Conciliation）が締結され、翌三四年四月にはアメリカ州の一三カ国の参加を得、さらにはヨーロッパからも参加する国があるようになったことに見出している。それにより、スティムソン・ドクトリンは、最早単なる政策から条約上の規則となり、世界のほぼ半数に近い国家に対して規則としての効力を有するに至った。それを受けて横田は、国際法化したスティムソン・ドクトリンを、一九二八年に誕生した不戦条約と区別する意味で一九

三三年の不戦条約と呼んでもよいというほどまでに高く評価する。(5)

しかし、原則に疎い日本人に横田の主張、警鐘が受け入れられる余地はなかった。反対に「スティムソン主義の国際法化」が刊行された時期と重なるが、横田は、一九三四年の中頃になると、日本の国内においては満州事変後に軍国主義的傾向が先鋭化する一方で、軍備拡張の足かせとなるワシントンとロンドンの両海軍条約が邪魔になって来たため、両条約を廃棄しようとする空気が強くなったと状況分析を行い、危機感を強めた。(6)

右の状況分析に基づいて、横田は同年八月に「現下の世界情勢と日本の地位」と題するラジオ講演を行った。それは、NHKの企画した一般の若者向け番組「青年特別講座」の一環であった。その主旨は、以下のようである。世界大戦後の世界が今や危機に瀕しようとしている。世界大戦の惨禍に懲りた世界は、再び戦争の惨禍を繰り返さないことを熱望し、平和組織の建設に努力した。連盟も不戦条約も軍備縮小も、そうした努力の結晶に他ならない。ところが、最近になってこの平和組織と反対の傾向が現れ、戦争の不安が生じるようになった。この不安を解消する方法は、平和組織の建設に反対する傾向を抑えるように努力することである。軍備を拡張することは、他国の不安を招来し、軍備拡張競争となり、いつかどちらともなく戦争が起こる。その中心が現在二つある。一つは、ナチス・ドイツを中心としてヨーロッパの中央にあり、もう一つは満州事変を契機として極東にある。日本の将来を担う青年諸君は、世界情勢と日本の地位を十分に認識し、重大な時期に誤りのないように注意するよう希望する。[7]

右のラジオ講演の意図について、横田は表面的には一般的な平和論を唱えたものであるが、本音は海軍軍縮条約の廃棄と海軍軍備の拡張に反対することにあったという。横田の意図はよいとしても、世情からしてそれに反対する厳しい具体的反発を招くことも不可避であった。例えば、大学教員の辞職要求、自決の要求、あるいは制裁を受ける覚悟の要求といった内容の非難攻撃や脅迫の手紙が多数寄せられている。

また八月二五日付の『東京日日新聞』夕刊が「青年講座の平和論放送に非難、横田教授の講演を当局重視」という四段抜きの大見出しを付けた記事を掲載した。それは、ラジオ講演の聴取者から横田に対する批判の投書が海軍にひんぴんと舞い込んだことから、当局もそれを重視し、二三日に省内で協議した結果、講演内容を検討し、場合によっては監督官庁に厳重な警告を発するか、全文取り消しを命ずる、あるいは横田に出頭を求めて真意を質す模様と報じるものであった。続けて翌日の同紙朝刊では、横田の講演は誠に遺憾であり、黙過出来ないので、内容を検討し、その上で適当な処置を講じたい、全国から海軍当局の断固たる処置を希望してきているとの主旨の海軍省軍事普及部第二課長（大佐）の武富邦茂の談話が掲載された。[8]

ところが、海軍からは結局のところ何等の措置も音沙汰もなかった。横田は、ラジオ講演の内容が戦争を避け、平和の維持に努めるべきというものであったことから、海軍当局にとっては心底面白くなかったかもしれないが、開き直って文句をつけるわけにもいかなかったのであろうと推測している。

興味深いことは、反響の大半が横田非難であったが、東京朝日新聞記者関戸半四郎、日本ＩＰＲの鈴木修二、同僚の教授田中耕太郎（後の最高裁判所長官）といった友人や知り合い、そして見知らぬ人まで含め、多くの人たちの支持と感謝の手紙も少なくなかったことである。また、なかには軍部や在郷軍人会の指導のもとにあって軍国主義的傾向の強い青年会に属する者、大日本国粋会に属する者からも感銘したという支持の手紙が寄せられたという。このように、ラジオ講演の反響は、横田にいわせれば、自分でも戸惑う程にさまざまであったという(9)。

以上にみた横田のラジオ講演の主旨はともかくとして、その後も国内世論の右傾化傾向には歯止めがかからなかった。それは、一九三六（昭和一一）年末にワシントン、ロンドン両海軍軍縮条約が効力を失い、軍縮条約無条約時代を迎えようとするなか、横田の主張が国策のなかに取り入れられて問題の平和的解決に向かうのではなく、逆に横田のような存在に対する言論統制が強化されたことからも十分に理解出来る。

横田は、日本が両海軍軍縮条約からの脱退によって、ほとんど一切の国際平和機構から絶縁するとともに、国際的孤立に陥ったことを憂い、打開の道を模索した。それが『中央公論』一九三六年三月号に執筆した「太平洋協議機構の提唱――軍縮会議脱退後の善後策として」である。

本稿は、既にみたバンフ会議に高木とともに共同提案した「太平洋の平和機構再構築に関する若干の考察」の延長線上に位置付けられるものである。本稿のなかでは、四カ国条約と九カ国条約に依拠しつつ、米国とソヴィエトを加え、極東を中心とし、太平洋を舞台とする平和機構の設立を提唱した。それは、両海軍条約を脱退し、軍備拡張に着手した日本を遺憾に思い、何とかして国際平和機構からの絶縁を防ぎたいという意図に基づくものであった。

しかし、本稿も、例によって伏せ字が多用されていることに示されるように、かなり強い言論統制の対象とされることはあっても、国策の形成に生かされることは遺憾ながらあり得なかった[10]。反対に、日本の行方を案じるがゆえに行った執筆活動がもととなって非国民呼ばわりされ、周囲からは白い目でみられるようになっていたのである。

二　試練の時

一九三五（昭和一〇）年から翌三六年にかけての国際政局の動向は、横田の視点に立つ時、「世界はじまつて以来の、一大試練の前に立つてゐる[11]」と認識された。それは、侵略を防止し国際秩序と平和を維持しつつ国際紛争の平和的解決が図られるか否か、すなわち連盟という平和機構の精神が生かされるか否かが真に試される試練を意味する。実は、同時にもう一つの試練も待ち受けていた。それは、横田個人の問題であるが、自らの信じる学問が現実の課題によって試練を受けることをも意味していたのである。

横田のいう一大試練とは、具体的には一九三五年一〇月にイタリアのファシストで首相であったベニト・ムッソリーニ（Benito Mussolini）によって開始され、エチオピアの併合を目指した、イタリア・エチオピア戦争（第二次エチオピア戦争ともいう）の勃発を指す。

横田が右のようにとらえた理由は、両国がともに連盟加盟国であり、連盟が同規約と不戦条約に違反した侵略国イタリアに国際的制裁を科すという初の取組に乗り出したこと、不戦条約にはそれを履行するための機関も手続きもないことから、それらを有する唯一の国際機関である連盟がこの取組に成功するならば、国際社会は第一次世界大戦後に国際紛争の平和的解決に向けて条約などの面で飛躍的な進歩をみせていたが、それが実際にもそうであることが立証される。しかし、もし失敗に終わるならば、元の木阿弥に過ぎなかったことが暴露される。すなわち、組織化された平和機関の存在がいかに大きな役割を演じ、重要な動力となり得るか否かが本格的に試されようとしているととらえたことによる。従って、本問題は連盟の死活にかかわる問題であるとともに、世界のすべての国にかかわる問題と認識されたのである[12]。

イタリア・エチオピア戦争に対応した動きとして横田が注目したのは、一九三五年の米国の中立法制定、そして翌三六年の同中立法の大幅な修正の二点である。それについて、横田は一九三六年七月一日号の『外交時報』に「アメリカ合衆国の中立法案」を寄稿する。

そのなかで、米国の中立法を「積極的に国際連盟に加入したり、これと協同して侵略防止の制裁に参加するといふことは、合衆国の従来の伝統的な孤立政策から見て、今のところ不可能であるが、少くとも連盟諸国がさうすることには好意をもち、これを妨害するようなことはしないだけの雅量を有すべきである……表面上はともかくとして、実質的には中立法は少くとも消極的に侵略防止の協同行為に参加するものである……中立法は従来のアメリカの伝統的政策たる孤立主義を墨守するように見えながら、実際には、結果において、むしろ、戦争の防止の国際協力に参加するもののようである。その意味において、この中立法は特に重要な意味があり、深い含蓄がある[13]」と指摘する。

横田のそうした考察の背景には、国際交流が盛んになったこと、また軍事技術の発展に伴い中立的通商の制限される範囲が非常に広くなったことから、交戦国と中立国の間で紛争の生じる可能性が高まったこと、その結果として従来の中立法の適用が困難となり、ゆくゆくは米国も中立法と孤立主義を放棄する方向に向かわざるを得ないとの彼一流の洞察があった[14]。

だが人類が世界史上初の大試練に直面しているという最中に、横田の懸念を増幅させる新たな二つの事態が自らの膝元で起こることになる。第一の事態は、日独接近の動き、その結果としての一九三六年一一月二五日の日独防共協定締結であり、それによって日本が左右両ブロック間の抗争の渦中に自ら身を投じたことである。

横田は、そうした動きに強く反発した。理由は、日独防共協定が両国間でまったく秘密裏に交渉され、調印され、調印と同時に効力の発生をみたこと、換言すれば国民が知った時に既に効力が発生していたことにある。[15] そのために、横田は五日後の三〇日付『帝国大学新聞』に論説「日独防共協定に驚く」を寄稿した。

その主旨は、日独防共協定締結を新聞報道で知り、思わず目を疑ったこと、その種の噂はないわけではなかったが、誰もがまさかと本気に受け取っていなかったこと、協定の内容を読むと、いったい今頃どうしてこのような協定が必要なのか納得出来ないだけに一層驚かされたこと、共産主義インターナショナルが最も活動したのは第一次世界大戦後のことで、現在ではソ連共産党中央委員会書記長ヨシフ・ヴィサリオノヴィチ・スターリン（Iosif Vissarionovich Stalin）の一国社会主義可能論のもとに主力をロシアの共産主義制度の確立に向けていること、日本においては共産主義活動のほとんどが根絶されていること、以上からもなぜ今外国と協定を結んでまで防共に乗り出さねばならないのか理解に苦しむこと、さらにこの種の協定が隣接、または近接した国家間の間でこそ有効であり、日独のように遥かに遠隔の地にある二国間では共産主義浸透の防止に向けた協力の方途がないこと、同協定の締結は日米関係に対立の要因をもたらすとともに、日本がヨーロッパにおける左右両ブロック対立の右翼側の一員となること、日本にとっては無益であるとともに日本の国際的地位を不安定にすること、さらには防共協定締結によって日本の世界大戦参戦への道が不可避的に敷かれたと危機感を抱いたことによる。[16] 本協定の延長線上に位置付けられ、一九四〇（昭和一五）年九月二七日に締結された日独伊三国同盟にも反対であったことはいうまでもない。

本論説は、いうまでもなく日独防共協定を強く批判していた。それだけに、満州事変から次第に強くなってきた軍国主義のもとでは、その読者をかなり驚かせた。同僚の法学部教授小野塚喜平治に大学構内で呼び止められ、「思い切ったことを書いたね。また軍部や右翼から攻撃されるよ」[17] といわれた。それについては、横田自身が「書いたときには、それほどと思わなかったが、そういわれてみると、なるほどかなり大胆であったかも知れない」[18] と語るところに、横田の意外な一面として若干慎重さに欠けたまま行動に移ってしまう性格が表れているようで興味深い。

続いて「日本の国際的地位」を『改造』一九三七（昭和一二）年一月号に執筆し、日独防共協定締結によって、日本が左右両ブロック間の抗争に右翼ブロックの一員として加わったことは果たして国際関係を調整し、日本の国際的位置を安定させるものとなり得るのかに強い疑問を呈した。そして同協定締結の意味として日本が右翼諸国のブロックに加わり、自ら抗争の渦中に身を投じることになったこと、そのことが必然的に左翼ブロックに大きな衝撃を与え、抗争を一段と激化させる引き金となったこと、以上の二点を挙げる。[19] また本協定には日本が何らかの特殊な国際ブロックを形成する、あるいはこれに参加しようとする意図を含んでいないとの外務省の説明に対して、「しかし、事実は意図を裏切ることがある。かりに協定の意図はそうであつたとしても、事実はまさにその逆を行つてゐることを何人も否定し得まい」[20] と厳しく反駁する。

その後の展開は、まさしく横田の予見通り、事実は逆を辿った。日本はイタリアと急接近し、またイタリアが満州国と接近するなどの経緯を経て右翼ブロックの強化を促し、左右ブロック間の抗争を一段と激化させたという事実がそれを物語っている。

本問題の深刻さを憂慮する横田は、繰り返し日本の右翼ブロック形成が果たして真に国際関係を調整し、日本の国際的地位を安定させる要因になるのか、この点を三思しなければならないと強調する。[21] そして、「国際社会の原理――その理論的構成と実践的意味」を『改造』一九三七年五月号に執筆する。

それは、混沌とした状況が一層深刻化する国際情勢を背景に、社会や団体をそのように規定する原理とは何か、国際社会または国際団体の原理とはいかなるものかを改めて問うものである。そのなかで、横田は、社会の原理が統一を生じるような交互作用でなくてはならず、そこには共同の目的があり、それに向かっての平行的な行為が存在する必要があると述べる。

具体的には、「政治的方向における共同の目的と平和的な行為は、結局において、いはゆる国際平和機構に、特にそのうちの安全保障に一致する……いづれにしても、国家間の紛争が平和的に解決し得られれば、戦争などの起る理由もなくなる」[22]と述べ、続いて果たしてその種の国際社会が現実に存在するかについて考察する。

その理由は、二つの対照的な国際情勢、一つはヨーロッパにおける敵対的な対立と抗争の情勢、もう一つは南北アメリカにおける国際協力による共存共栄の情勢が存在するとみることによる。ヨーロッパの情勢は、国際社会の原理に反するもので、空は極めて暗黒で陰鬱であり、地には戦争の脅威と侵略の危険がみなぎっている。それに対して、南北アメリカの場合には、政治的には相手国の領土と独立を互いに尊重し、それらを侵害するものがあれば、互いに協力して排除する安全保障措置としての国際平和機構を有している。経済的には通商によって共存共栄を図ろうとし、文化的には自国の文化と同じく他国の文化にも価値を認め、それらの総合的発展に向かって努力するという国際社会の原理が存在するとみる。その上で、総じて国際関係を国際社会の原理に適うように処理して行こうとするのか、その反対に走るのかはいうまでもなく明瞭であろうと結論付ける。

最後に日本について、国際協調主義と相対的な価値観に基づいて、①政治方面で、他国の領土と独立を尊重し、侵略を避けること、②経済方面で、共存共栄の主義に基づいて通商を行うこと、他国の犠牲の上に自分の存在と繁栄の実を伸長することは避けること、③文化方面では、日本の文化と同時に外国のそれにも価値を認め、その長所をとって日本文化の改善を計らねばならず、ひとり日本文化のみを高くみ、いたずらに外国のそれを軽蔑し、排撃することは適当でないこと、それはやがて日本の文化を偏狭にし、委縮させる結果をもたらすこと、今でも当てはまる内容だが、以上の三点を挙げる。その上で政治・経済・文化という領域で国際社会の原理に適うように実践、努力することが日本の急務の一つであると警告する。(23)

「日本の国際的地位」と「国際社会の原理」の二論文を通じて、横田が日本を取り巻く情勢以上にヨーロッパ情勢の方をより一層深刻とみていたこと、日独防共協定締結によってより深刻なヨーロッパ情勢の渦中に身を投じることになった日本の前途に疑問と懸念を抱いたこと、国際協調主義と相対的価値観に基づいて国際社会の原理に適う道を歩むべきことを提唱していたことが理解出来る。

三　日中戦争と世界の危機

その後の日本は、横田のいう暗黒、陰鬱の方向に向けた進路を選択し、進んでいく。その結果、日本は右翼ブロック形成に続いて横田の懸念を増幅させる第二の事態に直面することになる。それが一九三七年七月七日の盧溝橋事件の勃発、すなわち日中戦争の開始である。

それとの関連で横田が注目したのは、同年一〇月の連盟総会において日本の行動が九カ国条約及び不戦条約に違反するとの決議の採択を受けて、翌一一月にブリュッセルで開催された九カ国条約会議である。本会議には一五カ国が参加し、日本非難宣言を採択した。しかし、対日制裁実施までには至らなかったために、中国をいたく失望させていた。

横田は、「九国条約会議と日本」を『改造』一九三七年一二月号に執筆し、そのなかで中国側の失望をよそに、本会議終了後も日中戦争をどう解決するのかという根本問題が残されており、切実な考慮を要すると分析する。そして、スティムソン・ドクトリンでさえ日本の行動を不戦条約・連盟規約違反などと少なくとも言葉に出していなかった。それにもかかわらず、九カ国条約会議における日本非難宣言では明確に不戦条約及び九カ国条約違反と断言されたことを重視し、スティムソン・ドクトリンと九カ国条約会議の日本非難宣言との間には大きな懸隔があると考察する。それに基づいて、日本は世界の対日態度が一層悪化していることを示すものと受け止めなければならないと警鐘を鳴らし、日中戦争をどう解決するかは日本自身が直面する切実な問題であると訴える。[24]

日本の抱える課題である日中戦争の行方、それとの関係で一九三九(昭和一四)年七月の米国による日米通商航海条約廃棄通告に示される日米関係の深刻化とヨーロッパ情勢を連関させて考える時、横田は事態の深刻さを改めて認識せざるを得なかったのである。

一九三九年九月に『改造』に執筆した「欧州の危機と米国の動向」において、横田はヨーロッパの危機と日本外交に関して考察し、ヨーロッパの危機は前年三月のドイツのチェコスロヴァキア併合問題を機に深刻化し、それを引き金としてヨーロッパの危機が世界の危機にまで拡大した。それを受けてヨーロッパの危機がやがて爆発する時には、米国が中立法を修正した時にある程度予測していたことでもあったが、米国がイギリス、フランス側に立って参加することがほぼ確定したと分析する。そして第二次世界大戦の勃発をあり得ることとみ、仮にそうなった場合、日本はいかなる態度をとるべきか、あらゆる要素を考慮に入れておかねばならないと主張する。同時に、ヨーロッパ危機が爆発した時には、米国がイギリスやフランスの側に加わることが最も重要な点であると的を射た考察を行っている(25)。

それと関連して米国の動向を考察すべく、横田は翌一〇月に「米国中立法修正の意義」を『外交時報』に執筆する。そのなかでは、一九三九年九月の米国議会臨時議会における中立法の修正が大統領フランクリン・D・ローズヴェルト（Franklin D. Roosevelt）の求めに応じて行われたものであること、その目的がイギリスとフランスに兵器類を供給し、その他の物資の供給を容易にし、両国を援助することにあると分析する。その上で、横田は「もとより、アメリカがイギリスやフランスの側に立つて戦争に参加するといふことはまだ考へられない。しかし、戦争の進行の状態によつては、さうならぬとも断言できない……戦争が長期の持久戦になれば、そしてさうなる可能性が実際に濃厚なのであるが、アメリカからの物資の供給こそは実に戦争の最後の勝敗を決定する最大の要素であるとも見られる」[26]と卓見を示すのである。

しかし、日本の政府や軍部を中心とする政策決定者によって横田のこの卓見は評価されず、提言も警鐘も入れられず、日本の進路は横田の最も懸念し忌み嫌う方向に突き進むことになる。その推進力になるのは、日本陸軍と日本人を魅了することになるドイツ軍のいわゆる電撃戦の展開である。具体的には、極めて短期間のうちに華々しい戦果をあげた同年九月のドイツ軍のポーランド侵攻であり、それによってヨーロッパに戦争が勃発したことである。まさに第二次世界大戦の幕が切って落とされようとする重大な局面において、紛争の平和的解決を信条とし、その実現を願ってきた横田がいかなる認識を示すのか、次に検討したい。

四　戦争による国際法の規定

ドイツ軍のポーランド侵攻を受けて、横田は『改造』の一九三九年一一月号に「戦争と国際法」を寄稿する。そのなかで、「いままたヨーロッパに戦争が起つた。しかも、それは拡大して第二の世界大戦となる可能性すらすくなくない」[27]と、状況が極めて切迫したと訴えた。

しかしながら、横田の態度は、国際法学者の発想の一つと推察されるが、決して失意の底に沈んだそれではなく、むしろ楽観的でさえあった。そして、次のように述べる。「戦争中において、国際法や条約に対する違反が頻々と行はれ、それに向かつて嘲笑と冷罵が投げつけられると同時に、戦争後においては、それに対する反動として、熱心な支持が与えられ、その確立と発達に向つて、非常な努力がつくされるであろう。そこに、ふたたび国際性の飛躍的な発達が期待される。連盟も復活するかもしれぬ。かりに連盟そのものが復活しないとしても、それに類似した国際組織が類似した目的をもつて設立されるであろう。のみならず、これらのことの結果として、国際関係はいちじるしく安定し、国際社会には秩序と平和が支配するにちがひない……国際社会の死滅が口にされた後には、その確立と発達に対する努力が続く」[28]と。

ここから理解出来ることは、横田が国際法をまだ人類の経験そして歴史が浅く、様々な隘路を教訓として生かしつつ発達を遂げるものと達観しており、それゆえにこそ第二次世界大戦が勃発し、自らの学問が否定されるような状況に陥っても、なお失望の色をみせなかったことである。そして横田はいう。「国際法はその効力を問題にされながらも、いくらかづつ確立され、進歩してゆく。それとともに、国際社会もいくらかづつ合理化され、組織化されてゆく。今度の戦争に際しても、やはりそのことが感じられる」[29]と。

集団的保障をめぐっても、横田は同様の態度を示す。第一次世界大戦後に集団的保障は次第に具体化され、組織化されてきた。それにもかかわらず、集団的保障が必要とされる情勢が生ずるにつれて、それに対する信頼と努力が減退し、チェコ分割やドイツ軍のポーランド侵攻の際など、まさに集団的保障が実行されるべき時に全く顧みられない有様となった。それについて、なぜそうなったのかという問題意識に基づいて、横田は「集団的保障の再考察」を一九四〇年六月に『国際知識及評論』に執筆する。そのなかで、集団的保障の実行困難性について、諸国家が短見的な利己主義に捉われて、大勢をはっきりと認識せず、またそれに従って大局的見地に立った行動をとらなかったことにその原因を求めている。しかし、その失敗を「こんどの戦争で我々の受けるおそらくもっとも貴重な経験の一つであらう。この経験はこんごにおける集団的保障の再出発点である……集団的保障はこんどの戦争で失敗に終わつたけれども、それだけ現実にその必要なことが証明された[30]」と、教訓、経験としてとらえ、今後の課題とする前向きの態度を決して失わない。

いよいよ真珠湾攻撃によって日本が第二次世界大戦に突入する一九四一（昭和一六）年の一月、再び「戦争と国際法」を『改造』に寄稿している。横田は、本稿において二つの見識を示す。

第一は、国際法と戦争の関係について「戦争は生きた現象で、それみづから変化する。この変化とともに、従来の規則をそのままに適用することが不可能であり、その修正を、又は新しい規則の成立を必然ならしめる。この意味で戦争が国際法を規定してゆく[31]」との見識である。第二は、第二次世界大戦では中立の侵害が起こっているが、それは中立そのものの根本的な破綻が生じていることによるもので、まずそのことを率直に認め、新しく国際法の理論を再構成すべきであるとの見識である。

中立に破綻が生じた要因については、今日の国際関係が緊密な様相を呈していること、すなわち国際関係が政治的、経済的、文化的に相互依存状態にあることに求める。視角を変えれば、横田が従来の中立の基礎的成立要件を国際関係があまり緊密でなかった状態に求めているといえる[32]。

横田は、中立制度の根本思想が国際的な孤立主義、個人主義にあるとし、中立が破綻した後に生まれるべき新しい制度は、国際的連帯、団体主義に立脚するものとする必要があると主張する。その理由は、横田にはこの二点に立脚する集団的安全保障制度を確立し、不当な理由で戦争を起こす国を抑止し、国際社会に秩序と正義を実現すること以外に、中立主義破綻後に代わるべき合理的制度が考えられないからである。そして「その実現がいかに困難であっても、またいかに長い年月を要するにしても、結局はその方向に進まざるをえないであろう……それは人類に残された唯一の道である[33]」と展望する。

以上にみられる横田の見識は、国際法学者である彼の真髄を示すといえる。その根底には、横田の真理探究心、学問上の原理・原則主義と現実主義的思考の両立、柔軟さを失わない思考態度、学問的確信に裏付けられた楽観主義的立場、そして進歩主義がある。また戦後の日本に生まれた中立主義志向に対する批判にもつながるものである。

横田は、満州事変から敗戦に至るまで「〝愛国的〟解釈とは違う解釈を説いたために、その言論活動において非常なきゅうくつな思いをさせられた」[34]にもかかわらず、自らの態度・主義を変化させる、あるいは失うことがなかった。その理由は、横田の芯が強かったこと、自らの学問上の方法論に依拠して思考し、それに基づいて主義・主張を行う態度を確立していたこと、それ以上に学問の根底に国際法を愛する態度があったこと、そして国際法が不完全であり、完全には遵守されていないことを認めつつも、同法以外に世界の秩序と平和を確保する手段はないとの強い信念があったことによる。それが日本において横田という毅然と筋を貫き通した自由主義的知識人を生み出したと考えられる。

注

(1) 横田喜三郎「国際連盟の没落?」『中央公論』一九三四年一月号、第九巻一号、六八頁。
(2) 同右。
(3) 同右、六八―六九頁。
(4) 同右、六八―七六頁。

(5) 横田喜三郎「スティムソン主義の国際法化」『国際法外交雑誌』一九三四年八月号、第三三巻八号、一―四頁参照。なお、スティムソン主義は満州事変に関しては四五カ国によって準法律的義務として採用され、一国によって単純な政策として採用された。チャコ紛争の場合には、一九カ国によって単純な政策として採用された。総じて二つの具体的紛争に採用されたスティムソン主義は、四五カ国によって準法律的義務として、九カ国によって単純な政策として採用されたことになる。その結果、スティムソン主義を承認し、採用した国家は五四カ国に及んだ事実を、横田は本主義が単純な任意の政策から国際義務を設ける条約上の規則にまで発展し、特定の具体的事件のみに適用する段階から、将来起り得る兵力的手段の一切の事件に対する適用にまで発展したと評価する。
(6) 横田、前掲『余生の余生』一三二頁参照。
(7) 同右、一三二―一三三頁参照。
(8) 同右、一三三―一三四頁参照。
(9) 同右、一三四―一三五頁参照。横田、前掲『私の一生』一五四―一五五頁参照。
(10) 横田、同右『私の一生』一五七―一五八頁参照。
(11) 横田喜三郎「国際制裁論」『改造』一九三五年一二月号、第一七巻一二号、一二〇頁。
(12) 同右、二〇―二一頁参照。
(13) 横田喜三郎「アメリカ合衆国の中立法案」『外交時報』一九三六年七月一日号、一四頁、一七頁。
(14) 同右、一五―一七頁参照。
(15) 横田、前掲『余生の余生』一三五頁参照。
(16) 同右、一三六―一三七頁参照。
(17) 同右、一三七頁。
(18) 同右。

(19)横田喜三郎「日本の国際的地位」『改造』一九三七年一月号、第一九巻一号、二二一頁参照。
(20)同右、二二六頁。
(21)同右、二二九頁参照。
(22)横田喜三郎「国際社会の原理――その理論的構成と実践的意味」『改造』一九三七年五月号、第一九巻五号、四三頁。
(23)同右、四四―四五頁、五〇頁、五二頁参照。
(24)横田喜三郎「九国条約会議と日本」『改造』一九三七年一二月号、第一九巻一四号、三頁、五頁、一一頁参照。
(25)横田喜三郎「欧州の危機と米国の動向」『改造』一九三九年九月号、第二一巻九号、二〇頁参照。
(26)横田喜三郎「米国中立法修正の意義」『外交時報』一九三九年一〇月一五日号、一二頁。
(27)横田喜三郎「戦争と国際法」『改造』一九三九年一一月号、第二一巻一一号、一三頁。
(28)同右、一六―一七頁。
(29)同右、二一頁。
(30)横田喜三郎「集団的保障の再考察」『国際知識及評論』一九四〇年六月号、第二〇巻六号、一二頁―一三頁。
(31)横田喜三郎「戦争と国際法」『改造』一九四二年一月号、第二四巻一号、三八頁。
(32)同右、四八頁参照。
(33)同右、五一頁。
(34)横田、前掲『余生の余生』一三八頁。

第四章　戦後日本の安全保障論

一　国際連合による安全保障への期待

　横田喜三郎は、戦争の違法化を進め、国際紛争を司法的手段によって平和裏に解決しようとする姿勢を戦後も堅持した。第二次世界大戦という史上かつてない惨禍を経験したことにより、むしろそれを強めたといえる。その横田は、一九五七（昭和三二）年から六一（昭和三六）年まで国連国際法委員会委員、一九六〇（昭和三五）年から六六（昭和四一）年までは最高裁判所長官の任にあった。さらに、その後日本学士院会員に任ぜられ、文化功労者としても顕彰された。それらの功績から、横田が位人臣を極めたことを物語る。

　それにもかかわらず、横田の場合には、「戦時中にその立場を変えることがなかったが、講和期にその立場を変えていった」[(1)]といった具合に、戦前の暗く辛い時代にさえ変節めいたことがなかったにもかかわらず、戦後を迎え、自由が回復され身に迫る危険もなくなってから、変節批判を受けることになった。それは、戦時中に官憲の厳しい弾圧を受けてやむなく左翼的思想から右翼的思想へと思想を変えた、あるいは変えざるを得なかった転向の問題とは異なる。そういう意味で、横田が変節批判を受けることは、今日的には狐につままれたようでいささか妙、もしくは腑に落ちないことである。だが、実際にとりわけ保守論客から非難罵倒されたといっても過言ではないような厳しい反発を招き、あるいは否定的評価を受けたまれな存在でもある。

保守論客の逆鱗に触れ、激しい反発を招き酷評されることになった具体的争点は、大きくいって二つある。一つは、戦後の天皇制の在り方や存廃についての政治体制をめぐる立場の相違の問題であり、もう一つは極東国際軍事裁判の正否をめぐる問題である。それらの問題も念頭に置きながら横田の国連や集団的安全保障に対する見解、それに基づく戦後日本の安全保障の在り方に対する見解について、主に横田が『外交評論』、『国際法外交雑誌』、『国家学会雑誌』他の雑誌に著した論文をもとに検討したい。

第二次世界大戦が終わった翌年、横田は『外交評論』一九四六年二・三月号に「世界平和の展望――国際連合の発足にあたって」を執筆した。戦争を再び繰り返してはならない。平和を永続させねばならない。それは、人類の生存そのものが問題だからである。科学の異常な進歩はついに原子爆弾の製造に成功したが、その進歩には際限がない。さらに威力のある殺人兵器が発見されないと誰が保証出来るだろうか。こうして世界平和の確保は、人類最大の要望となったといえる。この要望に応えようとして考案され、建設されたのが国連である。横田はそう述べて、国連への期待に胸を熱くした(2)。

その理由について次のように説明する。曰く、連盟も国連もともに世界平和を確保するための機構であるが、国連は、連盟の趣旨に沿いながらも革命的といってもよいほどまでに面目を一新している。この進歩した国連であれば、世界平和を永続的に確保することも可能ではないかと思われる。それは、国連の機構の上に戦争防止のための強力な方法が設けられたからであり、この点は連盟と非常に異なる国連最大の長所というべきことである。従って、国連を通して世界の平和が確保されると予想させるものがある。それは、主要な連合国が互いの一致協力によってはじめて平和が確保されるということを十分に認識し、この一致協力をあくまで維持しようとしていること、殊に連盟に参加しなかった米国が熱心に国連を支持し、国連を通じて世界の平和を確保することに指導的役割を演じつつあることに基づいている、と。そして国連は実に人類の望みであると述べる(3)。

横田は、続けてより具体的に国連を評価する理由を説明する。それは、連盟とは異なって、①戦争の起こる危険性がある場合、国連には有力な防止措置としての役割を果す仕組みがあること。②その制裁の対象となる戦争を非常に幅広くとらえ、全ての侵略行為に及んでいること。③戦争の起る危険のある場合の防止に関する決議と同じように、制裁を加えるという決議が拘束力を持つこと。④安保理事会において制裁決議が成立すると、全ての国連加盟国はそれに拘束され、制裁を実施する義務を負うことから、制裁がすべての国連加盟国によって一致共同して行われること。⑤制裁の方法についても、経済的手段や交通手段といった兵力を用いない方法から始まって、兵力を用いる場合には国連加盟国が兵力、装備、軍事施設を安保理事会の使用に供することや、軍事参謀委員会を設置する規定まで相当程度具体的な規定が設けられていること。[4] 以上の五点である。

このように国連が連盟と比較して戦争防止の方法を飛躍的に進歩させたことを、横田は平和機構としての国連の重要な点であり、すぐれた長所であるとみる。加えて、①国連憲章や各種規定はともかく、世界平和が大国の協力の成否にかかっている時に英米ソ三国間には強い協力の精神があること。②国連において平和の確保のために兵力を用いる必要性が十分に認められていること。それは、連盟が犯した誤謬、すなわち国際世論の喚起によって侵略を決意した国家を翻意させ平和を維持することは容易ではなく、多くの場合不可能であると学んだこと。③米国が第一次世界大戦後に連盟に参加出来なかった轍を再び踏むことがないよう心がけ、ニューヨークに本部を置く国連を通じた平和の確保に非常な熱意を持ち、指導的役割を演じつつあること。以上の三点に重きを置く。[5]

右の横田の見解は、内外ともに平和を希求する潮流を背景として戦争終結から半年以内にまとめられたものであることを考慮に入れなければならない。横田自身も自らの見解を国連憲章の規定に基づくものであって、国連の実際の活動を分析した上でのものではないと一応断る。そして国連の発足から日が浅いため、その実際の評価は白紙であり、憲章の規定通りに活動し、

戦争を防止し、平和を確保することが可能か否かは今後の課題であると断り書きをする。(6)

それは、横田という聡明な人物の慎重さの表現であると推察される。しかし、横田の国連に寄せる期待の大きさは、例えば①米ソという大国の加盟によって連盟の弱点を克服したとみていること。②大国が一致協力することに疑念を持たなかったこと。③草創期によくあることであるが、将来に対する楽観的観測も手伝って大国の拒否権発動により国連の平和確保機能が削がれることを想定していないこと。以上の三点からも、国連への期待を大きく膨らませていたことが理解出来る。

以上のなかではまったく触れられていないが、見過ごしてはならないことが一つある。それは、戦後平和国家に生まれ変わった日本の安全保障に対して国連の果たす役割に、横田が国連の能力以上の大きな期待を抱いていたことである。横田に限らず総じて戦後の日本では、国連中心主義外交が、実態はあいまいにもかかわらず、イメージとしては広く世論の支持を得ていたように、国連に対する期待には熱く大きなものがあった。この頃の横田は、その旗手のひとりともいえる存在であった。

二　集団的自衛の客観的統制

横田の楽観的観測をも含めた国連の平和維持活動に対する期待感や強調点は、時間を置くことなく自衛、とりわけ集団的自衛へと大きく変化する。このことは、横田が変節したと批判される点の一つである。

その変化とは、例えば前掲論文から八カ月後に刊行された「集団的自衛の法理」(『国際法外交雑誌』一九四六年一一月号)において、横田が現代の世界は実に集団的自衛の時代であり、国連憲章で初めて集団的自衛という言葉が用いられ、正式にその権利が認められたと強調するようになったことに具体的に示される(7)。

横田によれば、自衛が重要な意味を持つようになったのは、戦争を違法な戦争とそれに対抗するための自衛の戦争や制裁を目的とする適法な戦争とに区別することを可能とした不戦条約締結以降であると説明する。その理由については、従来は戦争も戦争に至らない武力の行使もともに禁止されておらず、国際法上すべて適法と認められていた。しかし、連盟が設立されると、ある範囲内で戦争や武力の行使が禁止された。続いて不戦条約が締結されると、広く戦争や武力の行使が禁止されることになり、戦争は違法化され、犯罪とされるに至ったからであると説明する。それを横田は、戦争そのものに革命がもたらされたと表現し、高い評価を与える。(8) 横田のいう革命の結果として、戦争や武力の行使には自衛という正当な理由付けが求められるようになったとの認識に基づいて、横田は自衛、とりわけ集団的自衛に重きを置くようになる。

その理由を大きく二つに分けて説明する。第一の理由は、単独で自己を防衛する、いわゆる単独自衛は十分な実力を持つ国で初めて可能になる。小国が大国から攻撃を受けるような場合には、単独自衛は不可能であり、他の国がこれを援助する必要に迫られることになる。それは、二つの世界大戦からも学んだように、攻撃を受けた小国が屈服する時には、やがて他の国にも攻撃が及ぶことが予想されるからである。見方を変えるならば、他の国を援助することは、同時に自国に対する攻撃を防衛することになる。こうして、多くの国が攻撃を受けた国の防衛に参加する集団的自衛の必要が生じる。つまり自己を防衛することではなく、実は他国を防衛することがいわゆる集団的自衛の本質であるという。(9)

第二の理由は、国連の機能、権限上の問題に基づく。それについて、次のように説明する。曰く、国連憲章において個々の国連加盟国が戦争に訴える、あるいは武力を行使することを禁止し、安全保障のための武力行使の権限を国連の安保理事会に集中したことにある。従って国連による安全保障措置は、全て安保理事会の決定に基づいて行われることになった。換言すれば、戦争や武力の行使は安保理事会の手に集中され、独占された。国連は、地域的協定や機関の存在を否定してはいないものの、地域的協定や機関による戦争や武力の行使も安保理事会の許可が必要となる。しかし、安保理事会では拒否権を持つ常任理事国間の一致協力の精神が失われたことから、同理事会における決定の難しいことが予想される。そのため理事会の決定を待たずに、自ら武力を行使しなければならない事例の多くなることが予想される(10)。

以上の二点を挙げ、ここに自衛に重きを置かねばならなくなった理由と必然性があり、自衛は正当なこととなり、国連では自衛が非常に重要な意味を持ち、重要な地位を持つことになったという。

その場合には、単独自衛ではなく集団的自衛であることが必要と横田は考える。その理由は、話が重複するが、①二つの世界大戦が物語るように、現代の戦争がすべての国に影響を及ぼすからであり、世界的な規模の戦争になる傾向が大きいからである。②さらには、攻撃を受けた国が単独で自己を防衛する力を持たない場合が多く、他の国の援助を必要とするからである。③他の国としても、攻撃を受けた国が屈服する場合には、次に自国へも攻撃が及ぶ危険のあることから、援助を行う集団的自衛に参画する必要に迫られるからであるという(11)。

以上が、横田の国連の平和維持確保機能への期待から自衛、とりわけ集団的自衛へと論の軸を移した由縁である。その背景には、①一九四六(昭和二一)年二月から三月にかけて米英ソ三国外相会議が行き詰まりをみせたこと、②同じく三月にソ連が強引に東欧諸国の社会主義化を図り、ソ連の支配地域に組み入れたこと、③それに対するイギリス首相ウインストン・チャーチル（Winston Churchill）の米国ミズーリ州フルトンにおける有名な「鉄のカーテン」演説を踏まえたこと、④国連安保理事会において、横田の期待を裏切るかのように、米ソ両国により拒否権が発動されるようになり、米英ソ三国による一致協力の姿勢が失われ始めたこと、換言すれば安保理事会構成国が拒否権を発動するようになったことなどがある。それらを通じて、一九四五（昭和二〇）年の第二次世界大戦直後の国連を通じた安全保障・平和の確保に対する期待先行気味の過大評価から一九四六年という冷戦の萌芽期に時代が移行するのに伴って、横田が国連に対する評価を修正せざるを得なくなったといえる。従って、横田が国連の平和維持活動への期待を集団的自衛権に移したのは、横田の変節というよりも国際情勢の変化に対する横田の現実主義的かつ柔軟な姿勢を物語るものと考えられる。

既にみたように、横田は単独自衛及び集団的自衛の法的正当性を認めるが、自衛権の行使に関しては、それを行使する国の判断に委ねることはふさわしくないと判断した。

不戦条約の締結当時、自衛に関しては行使する国の判断に委ねるというのが米国、フランス、イギリスなどにおける主流の解釈であり、それを認めなければ、本条約が締結に至らないという厚い壁が存在した。その証拠に本条約の締結に尽力した米国の国務長官フランク・B・ケロッグ（Frank B. Kellogg）やフランス外相のアリスティド・ブリアン（Aristide Briand）でさえも同様の立場にあったのである。

当初はやむを得ないとしても、そうした解釈がその後も認められる場合には、戦争や武力を行使する国が自衛権を錦の御旗として自由に戦争を開始することが可能となる、あるいは武力を行使出来ることになる。横田は、それを防ぐために、自衛権に照らしてその国の行動が正当か否かを最終的に判断する権限が武力を行使する国に与えられることには否定的であった。それは、当事者の主観的判断ではなく、国際裁判所や国際機関のような第三者による客観的判断が必要と考えたからである。

とはいえ、現実問題としては、ある国が攻撃を受けた場合には、同国自身が差し当たり武力による防衛の正当性を判断することはやむを得ない。しかし、それを最終的なものとせず、あくまでも一時的、あるいは仮のものと見做すことにする。そして最後的には、第三者による公平な審査を経て客観的に決定されねばならないと考えた。それによって、自衛の正常な行使を保証することが出来、その乱用を防ぐことも出来ると考えたからである。但し、望ましいことではないが、第三者による客観的決定は、既に自衛の行動が取られた後にならざるを得ない、あるいは戦争や武力の行使が終了し、事件が落着した後になることが考えられる。しかし、現実主義的観点から、それをやむを得ないと認めるのにやぶさかでなかった(12)。

続いて横田は、国際機関によって公平かつ客観的判断が下され、自衛として認められた場合には、自衛のための戦争もしくは武力の行使は継続することが認められ、他の国々はそれを援助すべきであるし、逆に自衛と認められない場合には、当事国は武力行使をやめねばならず、他の国々は武力行使の継続を制止しなければならないと考えた。

この点に関しては、既に国連憲章に規定がある。それは、①自衛権の行使に当たって採用した措置は、直ちに安保理事会に報告しなければならないこと。横田は、この報告義務によって、明らかに自衛に反する行為を取ることが困難になると考える。また安保理事会には報告を受けて審議し、適当な処置を講ずる機会が与えられる。それによって、ある程度まで自衛の行使の統制が可能になると考える。②自衛権の行使は、あくまでも一時的なもので、安保理事会が国際の平和と安全の維持のために必要な措置を取るまでに限られること。横田は、それを自衛権に対する重要な統制を意味するものとして最重要視する。③攻撃を受けた国が自衛権を行使することによって、安保理事会の平和を確保するための権能と責任は、影響を受けないこと。横田は、攻撃を受けた国の自衛権行使が必ずしも客観的に正当な自衛権の行使とは限らないことを認め、そのような場合、安保理事会はその自衛の行動を中止するよう要求する、もしくはその他の措置を講じることが可能なことから、安保理事会の権能と責任は影響を受けないと考える。[13]

横田によれば、右のように国連憲章には自衛権の客観的な統制に関して様々に注目すべき規定が設けられている。それらの規定が十分に活用されるならば、自衛権は有効に客観的統制を受けることになり、自衛権の乱用防止とその正当な行使が可能になるという。

但し、それには規定が十分に活用されることが条件となるという。その場合の欠点として、安保理事会における大国の拒否権を挙げる。本拒否権は、安保理事会の決定を極めて困難にし、その迅速かつ有効な行動を妨げる。その場合には、自衛権の行使をめぐっても正当な行使か否かを迅速に決定し、それに応じて平和と安全の確保のための効果的措置を取る決定が行われず、自衛権の客観的な統制が取れなくなることを懸念する。つまり、自衛権の客観的な統制は、国連憲章によって法的に確保されているとはいえ、安保理事会における大国の拒否権発動により、実質上本統制が有効に取れない怖れがあることを認める。そのため、大国の拒否権の廃止、もしくは制限が将来に残された最も重要な課題であると提起する。[14] この件が未だに懸案としてとどまっていることは、周知の事実である。

三　戦争の違法化と交戦権の否認

戦争に革命をもたらしたことをめぐっては、これまでにみた自衛権の問題以上に横田の重視する問題がある。それは、横田をして、第一次世界大戦後に成立をみた不戦条約によって戦争に革命的変化がもたらされたが、第二次世界大戦はそれをさらに進め、ほぼ完成したとまでいわせた件である。具体的には、戦争の違法化と違法な戦争を行う国の交戦権の否認を指す。

戦争が適法の場合には、交戦国は交戦権を持ち、敵国人、特に敵の戦闘員に対して殺傷を加えることが認められる。つまり殺傷に対して法律上の正当な根拠が提供されるため、殺人罪や傷害罪にはならない。それに対して、違法な戦争では交戦権が認められていないことから、交戦状態または戦争による結果も殺人や犯罪を構成すると考える。つまり戦争そのものが犯罪を構成すると見做す。これは、戦争に極めて大きな変化をもたらすという意味で非常に重大であり、違法な戦争を遂行しようとする国にとっては致命的に重大なことといわなくてはならないという[15]。

但し、その主旨は、あくまでも法律上の意味において戦争を適法に行えないという意味であって、主権国家が適法か違法かを意に介さず戦争に訴えることを決意すれば、戦争を引き起こすことは現実には可能である。現実の世界においては、違法にもかかわらず戦争を引き起こした国が勝利した場合には処罰が行われず、敗北した場合にのみ処罰が下される可能性が高い。それは一般的には納得が得られにくいことであり、勝てば官軍のようで不公平である、あるいは不完全であるといった批判の起こることが当然予想される。横田は、例えそうであっても法律上違法であることからは逃れられない。つまり、今日の世界は基本的に主権国家によって構成されていることが障壁となって、国際法上の処罰が行えないという限界がある。とはいえ、法律上はあくまでも違法であって法的責任を負うべきであり、そのために処罰されるべき関係にあることには変わりがないという。(16)

それに対して、従来は違法な戦争を行う国に対して交戦権を否認し、その国の戦争行為に基づく殺傷や損害を違法なもの、あるいは犯罪を構成するものと見做すことがなかった。あるいは、はっきりと意識されず、明言されなかった。実際、戦争が勃発すると、適法であっても違法であっても、等しく従来通りに交戦権を有し、同一の権利と義務を有し、同様に行動してよいものと考えられていた。横田は、それを不徹底、矛盾であると批判する。(17)

横田は、その具体例として一九三五年一〇月のイタリア・エチオピア戦争（翌年五月にイタリアのエチオピア併合という形で終了）を挙げる。この戦争をめぐっては、連盟はイタリアの連盟規約違反による侵略戦争であるとし、イタリアに経済制裁を加えた。しかし、イタリアに対して交戦権を否認することはなく、その軍事行動に基づく殺傷や損害を違法なものとみることもなかった。あたかも適法な戦争のように、イタリアが行動することを当然のことのように眺め、ほとんど怪しむこともなかった。そして、その不徹底と矛盾を疑問に思わないというのがそれまでの状態であった。

しかし、第二次世界大戦がこの状態を根本的に変えたと横田はいう。具体的には、連合国はドイツや日本の戦争が不戦条約などの条約に違反した違法の戦争であると決定し、両国の交戦権を否認し、その軍事行動による殺傷や破壊を違法なもの、犯罪を構成するものと認め、その責任者を刑罰に処することとした。それは、現実にはニュールンベルク国際軍事裁判及び極東国際軍事裁判として結実する。従って、今回が初の事例とはいえ、戦争を禁止したことの当然の帰結であり、戦争の禁止を徹底させ、その帰結を十分に実現するものである。こうして、法律上、従来の不徹底を徹底させ、矛盾を除去したことにより戦争の性質に根本的な変化をもたらし、戦争そのものに革命をもたらしたと結論づける。(18)

だが、横田は依然問題が残ると指摘する。それは、だれをどのように処罰するのか、具体的なことが何等規定されていないことであるという。それに関して、横田は国の上級機関にある者の個人的責任と罪刑法定主義の二つの問題が最も重要な課題であると考える。

個人的責任の問題とは、戦争は国家間の現象であり、主体は国であって個人ではない、従って、責任は国が負うべきで、その上級機関の地位にある者が個人的に負うものではないという見解に基づく疑問であり、反論である。罪刑法定主義とは、犯罪と刑罰が前もって法、具体的には刑事法により定められていることが必要であって、同法に基づいて罪が決定され、刑が科せられねばならないというものである。従って、戦争を起こした者を個人的に処罰することは、それまで国際法上で定められていないことから、第二次世界大戦をめぐって個人を処罰することは、罪刑法定主義に反し、不当であるとの見解に基づく疑問であり、反論である。[19]

右の二つの見解に関して、横田はそれらが主に形式的、技術的な法の立場からなされたもので、その立場に立つ限り二つの見解には相当な根拠のあることを認める。しかし、その上で、それらの見解に対して絶対に反駁し得ないものではなく、法の技術的な立場からでも相当反駁可能であるし、実質的な理由も考慮に入れれば完全に反駁することが出来ると主張する。

それについて詳しくは、横田自らが中心となって戦後すぐに取り組んだ『日本管理法令研究』の第一巻三号（一九四六年）に「戦争犯罪の基本問題」を掲載しているが、ここでいう実質的な理由、すなわち政府や軍部などの上級機関の地位にあって、実際に違法な戦争を惹起した者を個人的に処罰することは、十分に主張し、根拠づけることが出来ると断言する。続けて、形式的、技術的立場から相当な根拠を持つ疑問、反論の余地があることは、結局のところ戦争の禁止が徹底して行われていない結果に基づくものであり、わけても法技術的に徹底していないことに原因があるという。つまり、既に戦争が法によって禁止されたうえは、個人の処罰は理論上必然的な帰結であり、当然の結果である。それにもかかわらず、その処罰をめぐっては実定法上具体的に規定されていないという実定法上の欠点が放置されてきたことに問題がある。そのために多々疑問を生じ、反対を招くことになると主張する。しかし、理論上、あるいは実質的な立場からすれば、それらの疑問や反論は全く根拠がないものであるという[20]。

そしていやしくも戦争を禁止したうえは、その禁止に違反して違法な戦争を惹起した者が個人として処罰されることは当然であり、実質的に十分な理由がある。この実質的に当然かつ十分に理由のあることを第二次世界大戦が実証したと説く[21]。

結論として、横田は次のように述べる。曰く、最重要なことの一つは、違法な戦争を行う国に対しては交戦権を否認することであり、もう一つはそうした戦争の責任者を戦争犯罪人として処罰することである。それらは、戦争が禁止された以上、いずれも当然のことであり、この禁止を論理的に徹底すれば必然的に出てくる帰結である。交戦権の否認は、少なくとも法律上は戦争の遂行を不可能にする。戦争の責任者の処罰は、戦争と個人の関係について、とりわけ国の上級機関の地位にある者の個人的責任に関して根本的変更をもたらした。それにより、法律上違法な戦争の開始を禁止する制約が設けられたのである[22]。

以上から、横田は、第二次世界大戦によって戦争の重要な点に関していかに重大な変化がもたらされたのかがわかるといい、第一次世界大戦後に徐々に始められ、不戦条約によってかなり進められた戦争の違法化、犯罪化という根本的な変更を第二次世界大戦が著しく推進し、徹底し、完成させた。すなわち戦争の革命を著しく推進し、完成したと結論付ける。

右の文脈から、保守論客からは、横田が極東国際軍事裁判の法的不備を認めるにもかかわらず、同裁判自体を肯定するのはおかしいという厳しい批判が寄せられた。だが横田自身はそれまでに積み上げた自らの研究成果に基づいてあくまでも同裁判を肯定する立場を貫いた。それは、筆舌に尽くせぬ戦禍をもたらす戦争を繰り返してはならず、そのためにも戦争を違法化し、国際紛争を平和的に解決しなければならないとの強い信念と意志、そして国際裁判なくして安全保障はあり得ず、安全保障なくして軍備縮小があり得ないとの考えに裏付けられたものといえる。

最後に横田は、戦争の革命によって、戦争は法的概念として全く別物となったといい、国際法上適法行為であった戦争が今や違法行為となり、国際犯罪となったと評価する。続けて、その結果、戦時国際法と平時国際法も根本的変更を求められることになるのみならず、戦争と直接関係のないことにまで重要な変更が及ぶことにも言及する。それは、後に国際法の学問分野において横田が日本の国際法研究から戦争研究を追放したと批判されることになる所以である。横田の立場からすると、戦争が禁止されたことによって、今後は国際法を平時と戦時に区別して考えることが不要となる、あるいは理念や概念の再検討や一つの概念のもとに再編するといった作業が求められ、その結果新たな体系の国際法が誕生することになるとの論理的帰結に至ったものと考えられる。

横田の主張の中心は、憲法第九条を有する日本にとっては特に重い意味を持つことであるが、長きにわたり国際紛争の処理方法として戦争に訴えることが適法として認められてきたが、それも戦争が禁止されたことによって最早認められなくなったこと、従って国際紛争処理の全体系が根本的変更を求められているという点に集約出来る。[23]

四　日本国憲法の平和主義的性格

日本国憲法の制定、とりわけその前文と第九条に示される安全保障の規定は、戦争の違法化と交戦権の否認を前面に打ち出した平和主義に基づくものであることから、我が意を得たと思うほどに横田の意に沿うものであった。それは、これまでに触れたように横田がロカルノ条約、不戦条約、連盟憲章、国連憲章の流れをよしとしていたことから、その流れに沿う第九条を心底歓迎していたことを物語る。[24]

横田は、一九四六年五月の第九〇回帝国議会における日本国憲法をめぐる審議を経た段階、換言すれば同年一一月の日本国憲法の制定以前に、戦争放棄についての考えをまとめた論文「戦争の放棄」を執筆し、『国家学会雑誌』の同年九月号に掲載する。

本論文の冒頭において、新憲法の特色には民主主義の確立と平和主義の採用の二点があり、民主主義の中心は人民主権の宣言であり、平和主義の中心は戦争の放棄であるという。新憲法の民主主義は、画期的なものであり、人民主権の宣言は国体の根本的変革を意味するもので、日本にとっては革命に他ならないと評価する。

その一方で広く世界を眺めると、この程度の民主主義は珍しくなく、もっと徹底した民主主義を採用した憲法が少なくないともいう。ところが、平和主義の採用については、新憲法ほど徹底したものは他にないと、民主主義の確立以上に高く評価する。戦争放棄については、他にも先例がないことはないとしながらも、それらは新憲法ほど全面的、絶対的なものではない。このように、徹底的な平和主義を採用し、全面的に戦争を放棄したことは世界史的に重要な意義を持つと同時に、新憲法における最大の特色である。この点において新憲法は、世界唯一、無比であると最大級の評価を行う(25)。

戦前、とりわけ満州事変以降辛酸を嘗めさせられた横田にとって、それは個人的にも感慨深く、格別の意義を持つことであった。横田によれば、それまでの日本は、軍靴に踏みにじられた国家主義の国であった。軍を崇拝し、戦争を賛美し、ひたすら自国の利益のみを追求し、他の国を犠牲にして顧みなかった。ところが、新憲法では、徹底的な平和主義を採用し、全面的に戦争の放棄、軍備の廃止を定めている。世界において最も極端な軍国主義と国家主義の国から、最も徹底した平和主義と国際協調主義の国への一八〇度の転換である。これは特別に注意に値すると述べる(26)。

次に新憲法の規定についての説明に移る。まず第九条の戦争放棄の考察を行う前提として憲法の前文に触れる。前文の第一項において「日本国民は……政府の行為によって再び戦争の惨禍が起こることのないようにすることを決意し」、戦争を放棄する意志を表明していると指摘する。続く第二項において「日本国民は、恒久の平和を念願し、人間相互の関係を支配する崇高な理想を深く自覚するのであつて、平和を愛する諸国民の公正と信義に信頼して、われらの安全と生存を保持しようと決意した。われらは、平和を維持し、専制と隷従、圧迫と偏狭を地上から永遠に除去しようと努めてゐる国際社会において、名誉ある地位を占めたいと思ふ。われらは、全世界の国民が、ひとしく恐怖と欠乏から免がれ、平和のうちに生存する権利を有することを確認する」と謳っている。それは日本が平和主義を採用したことを示しているという。続いて第三項においては、「われらは、いずれの国家も、自国のことのみに専念して他国を無視してはならないのであつて、政治道徳の法則は、普遍的なものであり、この法則に従ふことは、自国の主権を維持し、他国と対等関係に立たうとする各国の責務であると信ずる」[27]と謳っている。それは、戦前のような自国のことのみに専念して他国を無視する極端な国家主義を排し、平和主義と国際協調主義を採用したことを示したことに他ならないという。それを踏まえて、前文の規定を背景として本文の第九条があると指摘する。[28]

横田は、世界唯一、無比と誇るべき第九条には①平和主義の採用、②戦争の放棄、③軍備の廃止の三点が規定されているという。次にそれらに関する横田の理解について検討したい。

①「国際平和を誠実に希求」することは、平和主義を採用することに他ならないと考える。その際に、国際平和が正義と秩序を基調とすべきと述べていることには注意を払うべきであるという。理由は、平和は正義と秩序を基礎とし、その上に建てられたものでなくてはならないと考えることによる。ここでいう秩序を規則ある状態、あるいは規則正しい状態という意味に理解すべきという。(29)

②「戦争の放棄」は、戦争の放棄だけでなく、武力による威嚇と武力の行使も等しく禁止しているという。ここでいう戦争とは国際法上の戦争であって、一方もしくは双方によって戦争の宣言が行われたものをいう。それには、同宣言がなくても国際法上の戦時法規が完全に適用される戦争も含まれる。こうした意味の戦争が放棄されたばかりでなく、それに至らない武力の行使も放棄され、さらには武力による威嚇さえも放棄された。従って、非常に幅広く武力の現実的な行使と行使の可能性が放棄されたと理解する。(30)

他方で、この放棄は、「国際紛争を解決する手段として」に限られており、必ずしも全面的に戦争を放棄したわけではないことに注意を喚起する。但し、戦争については、この限りではないという。それは、規定上では国の交戦権が認められていないからであるという。国の交戦権は、国家が戦争を行う権利であり、それを認めないということは、日本が戦争を出来ないことになると考える。それに反して、武力の行使と武力による威嚇は、国際紛争を解決する手段としては行えないが、それ以外の場合には必ずしも行い得なくはないという。(31)

ところで当時国会において交わされた戦争についての議論では、自衛のためであっても戦争が出来ないことになる。それについては行き過ぎではないかとの議論もあった。例えば一九四六年六月の衆議院本会議において進歩党の原夫次郎、共産党の野坂参三らによって、また同年八月の貴族院本会議では南原繁によって、自衛のための戦争は正当であり、放棄する必要はないのではないかとの意見が示されている。

それらに対する首相吉田茂の答弁の趣旨は、次のようであった。曰く、戦争放棄に関する本案の規定は、直接には自衛権を否定していないが、近年の戦争は自衛の名のもとに戦われた。日本も自衛のためと称して侵略的な戦争を繰り返してきた。今日の日本に対する疑惑と誤解は、日本が好戦国であるために、いつ何時再軍備をして、復讐戦を始め世界の平和を脅かさないともわからないというものである。まずそれらを正す、あるいは払拭することがなすべき第一歩だと思う。そのために新憲法において自ら進んで交戦権を放棄し、日本が全世界の平和愛好国の先頭に立って世界の平和確立に貢献する意思を示す必要がある。その前提として、まずはわが国に対する正当な理解を広める。世界の誤解を避けるために自衛の戦争をも放棄することが適当である。それによって、わが国に対する正当な了解を促すべきである。国家の正当防衛権による自衛の戦争を認めることは、戦争を誘発する由縁であり、かえって有害である。交戦権放棄に関する草案の条項の期するところは、国際平和団体の樹立にある。それによってあらゆる侵略を防止したい。国家の安全は国際信義と公正に訴えて保障すべきで、特に国連のような国際平和機構によって保障されることが適当である。正当防衛による戦争があり得るとすれば、その前提に侵略を目的とする国家の存在を認めねばならない。正当防衛、国家の防衛権による戦争を認めることは、戦争を誘発する有害な考えであるのみならず、国際平和団体や国際平和機構が樹立された場合には正当防衛権を認めること自体が有害であると思う、と。[32]

吉田は、以上のように日本に対する世界の疑惑と誤解を正すことに重きを置き、好戦国というイメージを払拭出来るまでの間は政府として自衛のための戦争も認めないことを明らかにしている。

それに対して横田は、新憲法が国の交戦権を認めないのであるから、吉田の解釈を正当であると評価する。[33]

さらに吉田は、第九条をめぐっては、右にみた自衛権の問題と並んで、国連による制裁の戦争に日本が参加することの是非をめぐる問題があると指摘する。具体的には、将来日本が国連に加盟した後に、国連が侵略国に対して制裁を加えることがあり得る。その場合、国連加盟国として日本も制裁の戦争に参加することが義務となる。そうした視点から、戦争を全面的に放棄することの是非、あるいは制裁の戦争を除外することの是非が問題とされた。実際に一九四六年八月に南原が貴族院本会議で、翌九月に高柳が貴族院憲法委員会において第九条の規定に反対していたのである。

それに対しては、復員庁総裁であった幣原喜重郎が、国連加盟時に戦争放棄について説明し、国連の理解を得、制裁の戦争に関しては留保する。国連から共同制裁に協力するよう要請されたとしても、それは出来ないとの方針で臨む方がよい、との趣旨の答弁を行っている。

本問題に対する横田の考え方は、国連加盟を優先してか、柔軟である。曰く、国連による制裁の戦争は正当なものである。しかし、ある国が戦争を全面的に行わないとし、制裁の戦争に参加しなくても、必ずしも不当ではない。その国が国連に加盟する場合でも、その方針を説明して制裁の戦争への不参加を認めてもらうことは可能である。仮に国連がそれを認めず制裁の戦争への参加を要求する場合には、その時に制裁の戦争に限って認めることにしてもよい、と。(34)

以上に加えて、国連は恐らくそのようなことを日本に要求しないであろうとも述べる。それは、横田自身が憲法第九条を持つ日本の制裁の戦争への不参加を国連が認めるものと予測していたことを物語る。その上で、憲法前文にある「日本国民は、政府の行為によつて再び戦争の惨禍が起ることのないやうにすることを決意し」という規定があるが、それは実質において戦争を放棄したものに他ならない。ただ、過去において政府が国民を悪導して戦争を惹起した経緯があることから、特に「政府の行為によつて」という言葉遣いをしたと説明する。[35]

③　第九条が第二項において「前項の目的を達するため、陸海空軍その他の戦力は、これを保持しない」と規定していることから、日本は一切の軍備を廃止しなければならない。また陸海空軍その他の戦力とは、一切の軍と軍備を包含している。それを保持しないとし、いかなる例外も設けていないことから、完全に廃止するわけである。以上については、規定が極めて明白であることから、疑問の余地がないと述べる。[36]

それにもかかわらず、横田は、憲法第九条をめぐっては平和主義の採用と戦争の放棄と同様に議論がないわけではないという。[37]実際に国会における議論のなかで、軍備廃止の場合、自国防衛が出来ず、侵略国に対する制裁の戦争にも参加出来ないことから不適当であるとの主張がなされていた。

右に対して横田は、自衛の場合には自己の軍備に頼ることなく、国際信義と公正、とりわけ国連のような平和機構に頼ることが考えられ、少なくとも吉田や幣原の言に代表される日本政府と新憲法はその意向であるとみる。

制裁については、国連に加盟した場合でも、制裁に参加しないという例外を認めてもらうことも可能と考える。のみならず、制裁に参加するにしても、必ずしも兵力をもって参加するとは限らない。経済的方法で参加することも可能であり、軍事基地を提供し、その他の便宜を供することも可能である。すなわち軍備がなくても、制裁に参加し、連合国としての義務を果たすことは不可能ではないと考える。

国連加盟国がいかなる方法で制裁に参加するかに関しては、国連憲章第四三条においてすべての加盟国は安保理事会の要請に基づき国際の平和及び安全の維持に必要な兵力、援助並びに便宜を安保理事会に利用させる約束になっていることから「それで適当に協定すればよいのである」[38]、そういった判断から、新憲法では一切の軍備を完全に廃止することにしたという。

横田は、ここで戦争放棄の重要性についての考察に移り、かつて憲法で戦争を放棄する例がなかったわけではないと述べる。例えば、「フランス国民は、征服の目的で如何なる戦争をも行うことを放棄し、また、いかなる国民の自由に対しても決して兵力を行使しない」[39]ことを謳った一七九一年のフランス革命憲法の第五章を紹介する。それが憲法で戦争を放棄した最初の例であるという。

同趣旨の規定として一八四八年のフランス共和国憲法前文、一八九一年のブラジル憲法第八八条、不戦条約のなかの戦争放棄に関する規定をそのままに採用した一九三一年のスペイン憲法、一九三五年のフィリピン憲法を例として挙げる。しかし、それらは日本の新憲法ほど徹底したものではないという。その理由として、放棄された戦争の範囲が新憲法ほど広くない。フランスとブラジルの憲法は、征服のための戦争を放棄したにとどまり、スペインとフィリピンの憲法は、国の政策の手段としての戦争を放棄したのみで、日本の新憲法のように国際紛争を解決する手段として武力の行使も威嚇もすべて放棄したものではないからであるという[40]。

もう一つの理由は、新憲法が戦争の手段である軍備を廃止した唯一の憲法であるのに対して、右に挙げた戦争を放棄した諸憲法のなかでも戦争の手段である軍備を廃止したものはない。それに関して、横田は、それらの憲法が戦争の放棄を果たしてどこまで真剣に考えていたか、どこまで現実に実行されたかが問題になるという。新憲法では、戦争の放棄、戦争の手段である軍備が完全に廃止され、陸海空、その他の戦力を保持しないとされた。従って、日本の場合にはかつてなかったほどに戦争の放棄が徹底的、かつ真剣に考えられているといえるという[41]。

以上から、横田は、戦争を真剣に放棄し、実際にそれを実行するには、戦争を広く放棄し、その手段である軍備を廃止する必要がある。それを新憲法第九条の規定が実現した。それは大きな前進であり、新しい展開である。そして、それは世界史的意義を持つといっても過言では

ないと高く評価する。(42)

最後に横田は、日本政府と国民に覚悟を求めるかのように、過去の過ちを清算し、再建の道に新たにつく日本にとって戦争の放棄は誠に適切な第一歩である。しかし、問題はその実践、実行にある。単に紙の上の宣言だけに終わらせないようにくれぐれも心がけねばならないと述べて論を終える。(43)

注

(1) 例えば、竹中佳彦氏は、横田について「戦時中にはその立場を変えることはなかったが、講和期にその立場を変えていった」と評価する。竹中佳彦『日本政治史の中の知識人――自由主義と社会主義の交錯』上巻、木鐸社、一九九五年、二頁。

(2) 横田喜三郎「世界平和の展望――国際連合の発足にあたつて」『外交評論』一九四六年二・三月号、一頁参照。

(3) 同右、二頁参照。

(4) 同右、七―八頁参照。

(5) 同右、八―九頁参照。

(6) 同右、八頁参照。

(7) 横田喜三郎「集団的自衛の法理」『国際法外交雑誌』一九四六年一一月号、二―三、六頁参照。

(8) 横田喜三郎「戦争の革命」『国家学会雑誌』一九四六年九月号、三一―三二頁参照。

(9) 横田、前掲「集団的自衛の法理」、一―二頁参照。

(10)同右、三—五頁参照。
(11)同右、四—六頁。
(12)同右、一二頁参照。
(13)同右、一四—一五頁参照。
(14)同右、一五—一六頁参照。
(15)横田、前掲「戦争の革命」、三四頁参照。
(16)同右、三五頁参照。
(17)同右、三七頁参照。
(18)同右参照。
(19)同右、四〇頁参照。
(20)同右、四〇—四一頁参照。
(21)同右、四二頁参照。
(22)同右、四三頁参照。横田は、「東京判決と自衛権」『国際法外交雑誌』一九四九年三月、第四八巻二号及び「東京判決の解剖」『日本管理法令研究』一九四九年五月一日、第二六巻において同じ趣旨の考察を行っている。
(23)同右、四三—四四頁参照。
(24)ここでいう流れについては、山室信一『憲法九条の思想水脈』朝日新聞社、二〇〇七年を参照。
(25)横田喜三郎「戦争の放棄」『国家学会雑誌』一九四六年九月号、四四—四五頁参照。
(26)同右、四五頁参照。
(27)同右、四六頁参照。
(28)同右。
(29)同右、四七頁参照。

(30) 同右、四九頁参照。
(31) 同右、四九―五〇頁参照。
(32) 同右、五〇―五一頁参照。
(33) 同右、五二頁参照。但し、吉田の右説明が日本をめぐる国際環境の変化、すなわち冷戦の波及とその深刻化の過程において憲法第九条を改定せず、その解釈を変更しながら自衛隊の設置、あるいは防衛力の整備を進めることに繫がり、自衛隊の合憲性をめぐる問題や日本の防衛力が戦力に相当するか否かといった釈然とせず、かつ未だに解決をみない問題を残すことになる。
(34) 同右参照。
(35) 同右、五二―五三頁参照。
(36) 同右、五四頁参照。
(37) 同右参照。
(38) 同右、五五頁。
(39) 同右。
(40) 同右、五六頁参照。
(41) 同右、五七頁参照。
(42) 同右、五八頁参照。
(43) 同右、六二頁参照。

第五章　講和と安全保障

一　講和と国連加盟の連関

憲法第九条によって軍備を排した日本にとって、サンフランシスコ講和会議後に自らの安全保障と独立をいかに確保するかが重要な課題であることは、当然のことながら多くの識者に強く意識され、様々に論じられていた。

そのような最中の一九五一（昭和二六）年九月八日、同講和条約は調印の日を迎えることになる。横田喜三郎の場合には、それに先立つこと一年三カ月前の一九五〇（昭和二五）年六月の『国際法外交雑誌』に「国際連合と日本の安全保障」を掲載し、自らの考えを披瀝している。それに依拠しながら、同問題に対する横田の考え方を検討したい。

横田は本稿のなかで、日本の安全保障と独立を確保するにはいろいろな方法が考えられるといい、具体例として次の四点を挙げる。①日本が永世中立国となり、重要な利害関係を持つ諸国によって中立と独立を保障される方法。②国連を頼りとし、その集団的安全保障によって安全と独立を保障される方法。③将来、太平洋保障協定のような性格のものが締結される時には、それによって太平洋地域の諸国から独立と安全を保障される方法。④特定の国、例えば米国によって独立と安全を保障される方法。(1)

しかし、現段階（一九五〇年の上半期を指す）ではどの方法がふさわしいかについては、それぞれに利害得失があって容易に決定出来ない。従って、それぞれについてよく比較検討した上で慎重に決定されなくてはならないという(2)。

そして、次に行うべきことは永世中立、国連による安全と独立の保障、特定の国との安全保障協定の比較分析であるという。ところが、具体的に考察を試みるのは国連による独立と安全保障確保についての事例のみである。そのことは、本段階においては横田が永世中立の事例と特定国との安全保障協定の事例を実際には望ましいとは見做していなかったことから、選択肢として挙げるにとどめ、唯一の望ましい方法として国連による安全と独立の保障を考えていたといっても差し支えないと思われる。

横田は、まず国連憲章の第一条には平和に対する脅威の防止及び除去と、侵略行為または他の平和破壊制止のために、有効な集団的自衛措置を取ることが規定されている点に注目する。そして集団的自衛の直接的措置には暫定措置と強制措置の二種類があるという。暫定措置とは、予防のための一時的措置であり、平和に対する脅威が生まれ、侵略行為の危険がある時に事態の悪化を防止するための措置であるという(3)。

一方、強制措置は、平和の破壊や侵略を行う国に対して強制を加える措置であるという。それは、安保理事会の行った暫定措置や勧告が効果のない時、あるいは勧告を行っても最初から

成功の見込みのない時に、同理事会は強制措置を決定し、同措置を実行するよう国連加盟国に対して要求出来ると考える。(4)

しかし、安全保障に関しては安保理事国に拒否権がある。当初は、既にみたように国連に対する楽観的展望や連合国の一致協力の姿勢が想定されていたことから、安保理事国が実際に拒否権を行使することは、横田をも含めて一般的に想定外のことであった。だが冷戦下において右の一致協力の姿勢が失われた結果、安保理事国が事件の当事者である場合には拒否権を行使することが現実化した。それが国連の安全保障機能を著しく低下させ、国連への期待を大きく損なうものとなったことはいうまでもない。従って、国連は安全保障措置を実際に取ることが困難、あるいは不可能となったのである。

そのあたりの事情を十分に認識する横田ではあったが、国連への熱い期待からして、なお日本の安全保障を国連に委ねることを期待した。それは、二つの大戦を熟知する横田が国連の平和建設機能に対して手放しの称賛に近いような高い評価をし、おそらく日本でも世界でも、善意に基づく代表的な国連観を抱いていたことによるものと考えられる。(5)

但し、いうまでもなく国連に日本の安全保障を委ねる場合には、前提条件として講和条約締結によって独立を回復し、外交関係が回復され、国連へ加盟することが前提となる。しかし、横田は、講和が実現したとしても、必ずしも国連加盟がすんなりと認められるわけではなく、実際上は相当困難な問題であることを認めなければならないというように、国連加盟の難しさを理解していた。

その難しさには、全面講和か多数講和かという講和の方式にも関係があると横田はいう。国連に加盟するには、安保理事会の勧告に基づいて総会で可決されねばならない。だが、米ソ冷戦下、ソ連の支持を期待出来ない多数講和の場合には国連への加盟は最初から論外であった。また全面講和を達成した場合でさえも、容易に国連加盟が認められるかといえば、必ずしもそうではないと横田はいう。その背景にはイタリア、ルーマニア、ハンガリーの例があった。[6]

例えば、イタリアは一九四七（昭和二二）年に全面講和を達成した。それには、全面講和であるから当然ソ連も加わっている。しかも講和条約の前文には国連に加盟するためのイタリアの申請を締約国が支持すると明記されていた。それにもかかわらず、イタリアが国連への加盟申請を提出するたびにソ連が反対するため、未だに（一九五〇年当時）国連加盟を果たしていなかった。そのように、日本が全面講和を達成したとしても、国連への加盟は必ずしも容易ではないと慎重にみていたのである。[7]

この点については、日ソ国交正常化がなると、日本が八〇番目の国連加盟国となったことを知る者には無理もないことではあるが、当時の横田の懸念については想像さえつかないことと思われる。

話を戻すと、横田は、米ソ関係が改善されない限り日本の国連加盟が困難であるばかりでなく、講和後においてもなお日本が国連に加盟し、国連の集団的安全保障を受けることは困難と予測した。ところが、矛盾するようであるが、他方において国連への加盟が不可の場合でも、日本が国連による集団的安全保障を受けることがまったく出来ないかといえば必ずしもそうではないと楽観的であった。それは、横田の国連に対する期待の大きさによるものとも考えられるが、それ以上に国連の役割を広く理解する傾向があった(8)。

そのために、横田は国連が国際の平和と安全の維持を目的とし、そのための任務を果たしている以上、加盟国間で平和と安全を維持するだけでは十分でなく、加盟国と未加盟国との間でも、あるいは未加盟国同士の間でも平和と安全を維持する必要があるという。

その理由を、平和への脅威、その破壊、侵略行為は、二つの世界大戦からも明らかなように影響するところが非常に広く、直接に関係する国ばかりでなく、その他の国に対しても大きな不安と害悪をもたらす、ということに求める。従って、国連加盟国か否かを問わず、どこにも平和の破壊や侵略行為がない時に、はじめて国際の平和と安全があるという。連盟の場合には、戦争または戦争の脅威に関して国際の平和を擁護するために加盟、非加盟を問わず連盟全体に関わる問題であることが規約第一一条で規定されていた。国連には同主旨の規定がない。しかし、国連は、連盟の後身としておおむね連盟の原則と精神を受け継ぎながらも、それを乗り越え、一段と進歩強化されている。従って、連盟の時代に戦争やその脅威が連盟全体の利害関係事項であるとされ、連盟が適当で有効な措置を取ることになっていたとすれば、国連の場合には一層大きな理由でそうでなくてはならない。それはあまりに当然過ぎることから、規定として明文化しなかった。そのように推察する。(9)

さらに横田は、国連憲章では平和と安全の維持に関して規定する時には、一般的に国際の平和と安全といっている。とすれば、仮に日本の国連加盟が実現出来なかった場合でも、日本が攻撃を受けるか、あるいはその危険にさらされるような場合には、国連の集団的安全保障を受けることになると結論付ける。その理由は、集団的安全保障に対する理解と同様に、日本が攻撃を受ける場合には、日本の平和と安全が侵害されることはいうまでもないが、同時に国際の平和と安全も侵害され、世界の平和と安全も脅かされることになる。従って、国連としては国際の平和と安全を維持するために、日本に対する攻撃やその危険を防止しなければならないからであるという。(10)

以上については、横田の推測に頼る部分も多い。しかし国連も創設から日が浅いこと、横田の国連に対する期待の大きさに加えて、冷戦の行方が定まらぬ流動的情勢下ではやむを得なかったともいえる。

二　安全保障の本来の行き方

横田は、冷戦の深刻化に伴い、国連の集団的安全保障の実行方法に重大な欠陥があることを認め、次のように指摘する。国連が安全保障措置を取るには安保理事会においてその旨の決定をしなければならない。しかし、同理事会における大国の拒否権行使のために、安全保障措置を取るには実際上相当な困難がある。とりわけ大国が平和に対する脅威となり、平和の破壊や侵略行為に及ぶ場合、国連が必要な措置を取ることは事実上不可能である。しかも冷戦という国際情勢下では、いうまでもない。実際にソ連によってしばしば拒否権が行使された。むしろ、あまりにしばしば行使されたというべきである。従って、現在の国際情勢が著しく改善されればともかく、そうでない限り一つの大国の反対によって安全保障措置を取ることが出来ないことが想定される。それは、日本の安全保障にとって重大な欠点となる。(11)

同時に、国連が安全保障措置を取ることが出来ないといった事態に陥るのは、最後の、そして最悪の場合、具体的には第三次世界大戦が起こるか、起ころうとする場合に限られるとみる。その場合には、日本の平和と安全も必然的に侵害されるに相違ないとみる。だが、国連そのものの集団的安全保障ではないにしても、それに準ずる集団的安全保障が機能するものと考える。

その理由は、世界が平和な時に日本だけが攻撃され、侵略を受けることは想定しにくい。日本への攻撃があるとすれば、第三次世界大戦がまさに起ころうとするか、実際に起こった時に限られると考えることによる。(12)

そういった深刻な事態に直面した時、他の加盟国はどう対応するのか。横田は、加盟国が事態を放置するのではなく、加盟国自らが防止の措置を取ることを想定し、それに期待を寄せる。(13)

但し、横田としても、安保理事会において大国の一つが反対し、正式な決定をみないにもかかわらず、賛成した加盟国だけで防止措置を取ることが国連憲章に反することを認める。その場合には、既に第三次世界大戦が起こっている最中のことであって、恐らく国連そのものが解消している、あるいは少なくとも実質上その機能を失い、事実上消滅している。そういう意味では、賛成する国だけで防止の措置を取ったとしても、国連そのものの集団的安全保障として行われるのではない。しかし、憲章の精神に従う、もしくは大旨その精神や規定に従い、多数の加盟国の任意の協力によって集団的安全保障が行われることから、国連の集団的安全保障そのものではないが、それに準ずるものと見做すことが出来る。従って、日本は第三次世界大戦が起ころうとするか、あるいは実際に起こった最後で最悪の場合に直面しても、国連の集団的安全保障に準ずる集団的安全保障を受けることが出来ると考える。(14)

以上から、国連の集団的安全保障が安保理事会における大国の拒否権のために実効性が乏しいという欠点は、必ずしも決定的なものではないとみる。また国連の集団的安全保障としては防止措置の実行が困難であるとしても、それに準ずる集団的安全保障として防止措置が実行に移される可能性が十分にあり得る。また日本の安全が侵害され、攻撃や侵略を受ける場合には、恐らく国連に準ずる集団的安全保障を受けることが可能であると、いささか楽観的に考える。(15)

横田は、ここまで論じると、いかにも国際法学者らしく、この時点で彼のよしとする安全保障のあるべき姿についての考えを示す。それは、大国の拒否権に示される国連の弊害を十二分に承知した上で、それでもなおかつ国連による集団的安全保障こそが二〇世紀における安全保障の本来の行き方であり、それを世界の人々があまねく支持し発展させなくてはならないというものである。それを横田は、二〇世紀の国際社会の行き方であり、指導原理であり、時代精神であるという。国連の弊害については、それを理由として集団的安全保障を棄て去るのではなく、それを改善するために努力すべきであるという。

そう考える背景には、第一次世界大戦、第二次世界大戦の例を挙げるまでもなく、二〇世紀においては、国々が極めて密接な関係の上に成り立っていることから、戦争や戦争の脅威は、すべての国に重大な影響を及ぼす重要な利害関係事項である。従って、戦争が起ころうとする時には起こらないように、起こってしまった時には、侵略戦争を起こした国に制裁を加えるように、すべての国が一致協力しなければならない。それによって、初めて平和と安全を真に確保することが出来るとの横田の基本姿勢が垣間みえる(16)。

三　講和条約の規定

一九五一（昭和二六）年九月のサンフランシスコ講和条約締結によって、日本は六年という長い連合国の占領管理をようやく終え、独立を回復した。それはよいに相違ないが、日本にとって独立後の安全保障をどう確保するかが喫緊の課題となった。本課題に対する横田の考えについて、朝鮮戦争の最中の一九五二年三月に『国際法外交雑誌』に掲載された「日本の安全保障」に依拠しながら考察したい。

横田は、まず講和条約第五条に安全保障に関する日本側の義務と連合国側の約束が規定されていることに注目し、次のように述べる。具体的な日本側の義務とは、①国際間の紛争を平和的方法によって解決すべきこと、②いかなる国の領土と政治的独立に対しても武力による脅威、武力の行使、その他国連の目的と合致しない行動を取らないこと、③国連の行動に対してはあらゆる援助を与え、国連が予防的または強制的措置を加える国に対してはいかなる援助も与えないこと、以上の三つの義務を受諾することであるという。

それらは、日本の安全保障というよりも、日本が再び軍国主義国家となり、他の国の領土や独立に対して武力を用いて侵害するような行為を働かないとの義務を受諾するという意味であると理解する。そして、この義務は、日本が過去において武力を行使し、他の国々の主権や独立を侵害したことを考えると、連合国がそのような義務を日本に受け入れさせることは当然であると考える(17)。

一方、国連の日本に対する約束も三点あるという。第一は、直接に日本の安全保障に関するもので、国連憲章第二条の原則に従うこと、それによって連合国側は日本が受諾したのと同一の義務を日本に対して負うことになるという。例えば、日本の領土や独立に対して、連合国は武力による脅威や武力を行使してはならないことになる。それによって、日本の安全が保障されると考える。

第二は、自衛権を日本に認めたことである。それは、日本が主権国家として国連憲章に掲げられた「個別的または集団的な固有の自衛権」の保有を認めること、集団的安全保障の協定に日本が自発的に参加することを認めることであるという。国家は、自衛権を国際法上当然有するといわれていることから、固有の自衛権といわれる。それは、攻撃を受けた国が自国だけで防衛することである。これは、国際法上で認められていたことで、普通にいういわゆる自衛権である。それに対して集団的自衛権というのは、既にみたように、国連憲章によって初めて認められた新しい自衛権である。

国連がそれらの自衛権を認めたことにより、日本は外部から攻撃を受けた時には、自らの力で自己防衛することが出来る。加えて日本が屈服するような時には、次に自国が攻撃を受ける、あるいは安全を脅かされることになることを懸念する諸国が日本を援助し、共同して集団的に日本に対する攻撃を防止する。そういう意味で、国連が個別的または集団的自衛権を認めたことは、憲法第九条を持つ日本の安全保障にとって極めて重要であるという。

第三は、日本が集団的安全保障協定に自発的に参加することを認めたことである。同協定には全世界的な一般的な性格のものと、北大西洋条約機構や米州相互援助条約のように、一定の地域の諸国によって締結されたものと二種類がある。太平洋地域にも将来そういった協定が成立するかもしれない。このような協定は、いざという場合には国連と比較して早く確実に援助を受けることが出来る。将来的なこととはいえ、日本がそのような協定への参加を認められたことは、日本が重要な安全保障の方法を与えられたことになると評価する。[18]

横田は、次にサンフランシスコ講和条約と不可分な関係にある日米安全保障条約（以下、日米安保条約という）に言及する。ここで不可分な関係というのは、講和条約第六条に従って、占領軍は講和条約の効力発効後九〇日以内に日本から撤退すべきであるが、日本と連合国との協定に基づいて外国軍隊が日本の領土内に駐留することを妨げないとあり、この規定を根拠に日米安保条約が締結されたことを指す。[19]

日米安保条約については、横田は国連の集団的安全保障を補うものとして肯定する立場にあった。そして、在日米軍は、極東における国際の平和と安全の維持に寄与し、外部からの武力攻撃に対する日本の安全のためにも寄与する。また外国の教唆または干渉によって引き起こされた日本国内の大規模な内乱と騒じょうを鎮圧するためにも寄与する。そういう意味で、在日米軍は日本の国内外の脅威に対する安全保障上の重要な手段である。日本は憲法により軍隊の保有を禁じられたことから、不意に外国から攻撃や侵略を受けた場合に、それらを防ぐ有力な手段を持たない。そこで、日本と友好関係にある米国の軍隊を日本の国内及びその付近に駐留させ、不意の攻撃に備えようとするもので、最も直接的かつ有効な安全保障措置といわなくてはならないと評価する。[20]

しかし、日米安保条約締結時から、その内容をめぐり、例えば在日米軍を日本の防衛とは直接関係のない極東の平和と安全のために使用出来ること、日本の防衛を法的に義務付けられていないことから基地貸与協定的性格を帯びていること、国内の大規模な内乱と騒じょうの鎮圧に外国の軍隊である米軍が関与可能なことは内政干渉に当ること、条約期限が定められていないことなどに対する強い批判や不満、そして反発が野党、進歩的知識人そして新聞や雑誌などのマスメディアにあったことは周知の事実である。そのため、首相であった吉田がサンフランシスコ講和条約の調印から五時間後の日米安保条約締結に際しては、帰国後自分ひとりで批判の矢面に立つとともに全責任を負うとの考えから、単独で条約に署名し、他の者には署名させなかったというエピソードが残されている。[21]

だが横田の日米安保条約をめぐる評価にはそうした批判的な面が見当たらない。いうまでもなく、そうした問題点についての指摘が横田の耳に入っていないことはあり得ない。それにもかかわらず、最も直接的、有効な安全保障措置であるとの肯定的評価に終始するところに横田の姿勢が示されている。[22]それは、横田が憲法第九条の平和主義を維持しつつ、冷戦という現実の世界における日本の安全保障を確保する術と考えたことによる。さらには日米安保条約締結により日本が軍隊を持たないことによって、規模の小さな国家予算からの軍事費の捻出を避けられるという意味以上に、将来的にも軍国主義復活の懸念が払拭されること、冷戦という激しいイデオロギー対立と体制間対立が米ソ間で展開される厳しい状況下において、万が一にも外国の教唆、干渉による内乱や騒乱が起きた場合には日本の警察力だけでは抑えきれないこともあり得るとの判断などを優先させていたことを示唆する。

四　中立による安全保障論批判

戦後の日本には、第二次世界大戦中の植民地支配や侵略行為などへの反省、原子爆弾による被爆を含む多くの人的被害と大きな物的損害などに見舞われた敗北体験、反軍感情、反戦感情、厭戦気運、そして素朴な平和主義感情の高揚などによる中立主義、とりわけ非武装中立主義の実現を望む声が広範かつ長期にわたって存在した。今日に至るまでの平和憲法に対する高い支持も、その一環に位置付けられる。

それに弾みをつけた政治的要因には、山川均に代表される日本社会党左派の主張、連合国軍最高司令官ダグラス・マッカーサー（Douglas MacArthur）による一九四九（昭和二四）年三月の「日本は極東のスイスたれ」とのメッセージ、そして憲法第九条の影響のあったことが考えられる。日本社会党の左派系議員で同党の委員長も務めた石橋正嗣が一九八〇（昭和五五）年に『非武装中立論』を著して日本社会党機関紙局から刊行すると、八〇年代に三〇万部を刊行し、二〇〇六（平成一八）年には明石書店より復刊されたことも、非武装中立論に対する支持が広範かつ長期間にわたって存在したことを物語る。

それに対して、戦後の日本にとって中立主義が果たして適当であるか否か。横田は次のように検討する。

まず中立主義の支持者の主張の内容について検討し、その特徴について以下のように理解する。日本が米ソ冷戦下の東西両陣営のいずれの側にもつかずに非武装中立の態度を保っていれば、どちらの側からも攻撃を受けることがないと考える。すなわち仮に両陣営間で第三次世界大戦が勃発したとしても、自分たちだけは戦争の圏外にいることが出来ると安易に考える。その上、日本自らが軍隊を持つことに反対するばかりでなく、外国の軍隊の日本駐留を認めず、軍事基地を提供することにも反対する。それは、一方の世界と密接な関係を結ぶことになり、他方の世界から攻撃を招く恐れがあるとの考えに依拠する。横田は、この立場が日本を平和国家としたいとの根本方針に基づいていることを認めるにやぶさかではない。しかし、米ソ冷戦という、世界が東西両陣営に分かれて対峙する情勢下において、どちらにもつかない中立の地位という立場は現実としてあり得ないと考える。そして、米ソを中心として両陣営が戦う場合に、その中間に位置する日本がその圏外に立つことが不可能なことは、第二次世界大戦時に大国間に挟まれた小国がことごとく中立を侵され、戦争に巻き込まれたことからしてもあまりに明白であるという[23]。

ましてや非武装中立の主張のように、日本が自ら再軍備もせず、外国の軍隊や軍事基地も置かない。つまり日本が全くの無防備の状態にあるならば、外部からの侵略を極めて容易に招くことになる。しかも侵略者は依然として跡を絶たない。現に隣接する朝鮮半島では、朝鮮民主主義人民共和国(以下、北朝鮮という)の明白な侵略である朝鮮戦争が公然と行われている。日本が全くの無防備状態に置かれたならば、容易に朝鮮半島の二の舞となる。むしろ必然的になるに相違ない。そして米国の講和特使ジョン・フォスター・ダレス(John Foster Dulles)が日本国連協会で行った一九五一年四月の講演から、その一節「いぜんとして侵略者が跡を絶たない世界にあつては、中立はなんらの防衛にならず、かえつて侵略を奨励するだけである」を紹介し、それは真相をいい得て妙という[24]。

以上に加えて、横田は多くの歴史的事例に基づきながら、中立というものが決して安全保障の方式としてはふさわしくないと主張する。そして、仮にある国が侵略を受けた場合に、他のすべての国が中立の立場に立ち、自国には直接の関係がないとの理由から干渉せず、傍観の態度をとっていたらどうなるか。侵略する国は、侵略を受ける国よりも有力な国に違いないであろうから、侵略は容易に成功する。すると、侵略する国は、さらに他の国に対する侵略を企てる。こうして、一国一国と、いわば各個撃破的に侵略が行われることとなり、世界の平和が絶えず破られ、安全の保障など望むべくもないと述べる。さらに一九三九(昭和一四)年三月にドイツ総統のアドルフ・ヒトラー(Adolf Hitler)がチェコスロヴァキアを併合した時に、イギリスやフランスが効果的な干渉を行わず傍観者的に中立の態度をとったことに味を占めたヒトラーが、ポーランドに侵略の手を延ばし、遂には第二次世界大戦を引き起こしたとスターリンが批判したこと、不干渉と中立の態度が事実において侵略を黙認することを意味するというスターリンの言葉を紹介し、中立は決して安全を保障する道ではなく、安全保障の適当な方式とはいえない。かえって外部侵略を容易にし、誘発し、奨励するばかりであると結論付ける[25]。

横田は、右の結論に基づきながら、自衛権について論ずる。既にみたようにサンフランシスコ講和条約によって日本には自衛権が認められたが、そのなかで日本国憲法第九条において自衛権に制限を課したか否かが問題となった。その結果、戦争を放棄し、軍備を廃止したという文脈に沿う形で、自衛権も放棄または禁止されたのではないかという議論が交わされることになった。本議論について、横田は、憲法上、自衛権を放棄する、あるいは禁止するようなことはいっていない。従って、国際法上で特に自衛権を制限されていなければ、日本は自衛権を持つ、と主張する。[26]

ここで横田が注意を促す問題は、自衛権と軍備の関係をめぐる問題である。自衛権と軍備は密接な関係にあるが、必然不可分な関係はなく、自衛権そのもののうちに当然に軍備を持つことが含まれているわけではないという。現在、外国からの侵略や攻撃はほとんど常に軍隊によって行われる。それを有効に防止し、自国を防衛するには、自国もまた軍隊によらねばならない。その意味で、自衛権と軍隊の間には密接な関係がある。しかし、自衛権は自己を防衛する権利に他ならないもので、どういう手段をもって防衛するかということとは別の問題であるという。[27]

次に日本の安全保障をどう確保すればよいかを考える。着眼は、国連憲章に基づく集団的安全保障である。それは、結局のところ諸国の援助、換言すれば国際的安全保障が受けられるという意味で、日本の安全保障の本筋として最も有力、かつふさわしいとみる。国内には再軍備論もある。しかし、仮に再軍備するとしても、日本の脆弱な経済力では、当面わずかな軍備しか持てない。それでは、有力な国による侵略を防止することは不可能である。それだけに、国際的保障により他の国から援助を受け、侵略に共同対処する他に道はないと考える。そして、それがサンフランシスコ講和後の日本にとっての最もふさわしい本来の行き方であり、安全保障の本筋と考える[28]。

だが国際的保障が盤石な備えではないこともあわせて認める。理由は、既にみた安保理事国間の拒否権の応酬や国際的保障の手続き上に要する時間などによる。それを補うものとして地域的ないしは個別的安全保障協定の締結を考えるのである[29]。

五　外国軍隊の駐留と憲法

日本は、一九五一年九月八日にサンフランシスコ講和条約を締結するとともに、冷戦下の国際政治状況を反映する日米安全保障条約を締結した。その結果、日本の憲法が平和憲法となり、戦争を放棄し、軍やその他の戦力を保持しないと規定している関係から、外国の軍隊を駐留させ、それに軍事基地や軍事施設を提供することが法的に許されるのか、憲法違反ではないかといった具合に、米軍の駐留と日本国憲法との関係が取沙汰されることになった。

横田は、本問題に対して、憲法の規定そのものからいうと、違反ではないと考えた。憲法上、陸海空軍その他の戦力はこれを保持しないとあるが、どこの国のということが明示されていない。仮に日本国憲法でそれが規定されているならば、疑いもなく日本がそれを保持してはならないという意味である。従って、外国の軍隊が日本に駐留することは、憲法の規定に触れないと考えたことによる[30]。

続けて、日本が軍事基地や軍事施設を建設し、それらを外国の軍隊に提供し駐留させることについては、一見日本が戦力を保持するようにもみえる。しかし、それらは外国の軍隊が使用するものであって、日本が使用するものではない。もちろん日本側に指揮権や管理権が与えられることもない。従って、日本にとっては戦力となるものではない。その文脈に沿って、外国の軍隊の駐留も、それに軍事基地や軍事施設を提供することも憲法の規定に触れないと考える。またそれらについては、日本国憲法が初めから想定していなかったことであり、禁止するつもりもなかったことであるともいう[31]。本見解は、後に触れるが、一九五九（昭和三四）年九月に砂川判決を下した最高裁の判決趣旨と符合するものである。

右に関しては、横田の見解とは異なり、世界に類のない徹底した平和憲法という日本国憲法の大精神とでもいうべきものを考えれば、単に日本が軍隊を保有しないだけでなく、外国の軍隊も駐留させず、日本を完全な非武装の状態に置くべきであるとの主張も少なからずあった。

また多くはないが、仮に他国から攻撃や侵略を受けるようなことがあっても、敢えて抵抗も防衛もせず、攻撃され侵略され、征服されるに任せておけばよいという極端な主張さえ存在した。

横田は、無抵抗姿勢に基づく平和主義を健全な平和主義とは見做さない[32]。理由は、その結果、日本が国家としての独立を失い、国民としての存立も傷付けられ、個人としての人格も自由も失われ、奴隷の状態に陥らせることになるいわゆる奴隷の平和主義とみるからである。

それは、日本国憲法の平和憲法としての大精神とも一致しないという。日本国憲法がその前文において「われらの安全と生存を保持しようと決意した」といい、「自国の主権を維持し、他国と対等関係に立とうとする各国の責務であると信ずる」といっていることからも明らかなように、日本の国家と国民の安全、生存、主権、他国との対等の地位を維持する決意を表明している。そこからも理解出来ることであるが、奴隷的な平和主義は日本国憲法の大精神ではないと断言する[33]。

日本国憲法は、いうまでもなく戦後間もなく制定されたものである。当時の世界では、米英ソ三大国間の戦時中の信頼と協力の関係が続き、個々の問題では意見の相違が生じたとしても、結局は三大国の見解が調和し、それに基づいて平和と安定が確保されるものと大多数の人々が楽観的に考えていた。無論横田もそれに含まれる。その横田は、日本国憲法がそうした国際環境のもとに誕生したものであり、それであるからこそ前文に「平和を愛する諸国民の公正と信義に信頼して、われらの安全と生存を保持しようと決意した」という一節があるという。(34)しかし、世界はその後一変し、チャーチルの鉄のカーテン演説のように、東西二つの陣営に分裂した。それは、日本国憲法の前提を崩すことに繋がった。

日本をめぐる国際環境が大きく変化する時、日本の国家としての安全と独立、国民としての生存と自立を確保するには二つの方法しかないと横田はいう。一つは日本自身の再軍備であり、もう一つは国際的保障である。単に口先だけの平和や紙上の平和を説くだけでは不十分と考える。とはいえ、再軍備は憲法に明白に違反する。また憲法を離れてみても、再軍備は軍国主義への回帰の危険性を秘めるとともに、日本の財政力からして安全保障を確保するには不十分なものに留まらざるを得ない。そうなると、残された唯一の選択肢は、既にみた国連憲章で認められた国際的保障しかない。但し、その問題点や欠点を考えると、いくらかの外国軍隊の日本駐留が必要となるという。横田は現実的視点に基づいて日米安保条約を肯定したのである。(35)

このようにみると、横田も当初の国連礼賛ともいえる姿勢から、冷戦の深刻化と世界化の過程において次第にその欠点や問題点を現実のものとして認めざるを得なくなり、国連の集団的安全保障を補う役割を担う性格のものとして、個別的安全保障である日米安全保障条約に意義を認める姿勢へと変化したことがわかる。

日米安保条約締結に基づく米軍の日本駐留について、横田はそれまでの占領軍とは異なることから、在日米軍が内政や外交に干渉することはないという[36]。それは、例えば内乱や騒じょうの鎮圧に在日米軍が出動出来るという規定の存在からしても、いささか安易な見方ともいえる。しかし、横田にすると、繰り返すが安全保障上における在日米軍の存在そのものの意義を優先させて考えていたこと、米軍の駐留は日本自身が軍を保有するわけではなく、また指揮権や管理権を持つわけでもないことから、憲法第九条に抵触しないこと、日本が軍を保持しないことから、かつてのように軍部や軍閥の生じるはずがなく、従って軍国主義復活の懸念がないこと、日本の経済力からしてたとえ再軍備を行ったとしても、国の安全保障という観点からすると十分な防衛力を保持出来るとは考えにくいこと、以上を中心に総合的に判断したと考えられる。

それと同時に、ここで思い切った推察を行うと、今日では想像出来ないほどに国民の生活が困窮し、社会主義イデオロギーの魅力が大きく、従って革新政党や労働組合運動が強い影響力を持ち、社会主義革命も完全にないと否定出来ない状況のなかで、内務省が解体され、治安の維持にあたる日本の警察力が脆弱化していることから、万が一左翼による騒じょうが起きるような場合には、米軍の出動により例え一時的に内政干渉が起きたとしても社会主義国になるよりはましという意味で、米軍によって日本側の不十分な警察力が補われることに内心救いを求める心理が働いていたと考えられる。

以上を踏まえ、横田は、冷戦下において日本の再軍備が適当でないとすれば、国連の集団的安全保障という本来の生き方からは逸脱するが、それを補う次善の策として日米安保条約はやむを得ないもの、むしろ必要なものといわなくてはならないといい、さらに憲法上の規定に反することもなく、憲法の大精神にも反するものではないと論ずる。(37)

右のうち軍部、軍閥、軍国主義についての指摘は、いかにも横田らしさを示す一面といえる。横田自身が戦前、戦中に軍部などから言論の自由の抑圧を受け、肩身の狭い日々を強いられ、時には生命の危険さえ感じる日々を過ごさなければならなかった苦い記憶を鮮烈に抱いていたこと、あわせて日本の民主主義の脆弱さに対する懸念も抱いていたことは既に述べた。その横田は、法的に再軍備は出来ないと考えていたが、仮に日本が憲法を改正し、再軍備を行うようなことにでもなれば、軍人が次第に勢力を増し、軍閥が出来、再び軍国主義的になることが必定と見做し、それは決して諸外国の懸念だけではないと考えていたのである。(38)

その理由として、明治時代からの軍国主義の思想が日本人の頭にしみ込んでいること。満州事変以降の極端な軍国主義と超国家主義の思想も、未だ決して十分に拭い去られていないこと。終戦からわずか六年しか経ていないことから、日本の社会において民主主義と平和思想が盛んに説かれるようになったといっても、まったく表面的なもので、決して十分に根付いているとはいえないこと。ここで再軍備を行えば、軍人が次第に勢力を増し、再び権力を握ることは火をみるより明らかなこと。国民全体が十分に民主化され、平和化されない限り、どのような方法をもってしても軍人が権力を握ることは避けられないこと。その結果、軍国主義が再び頭をもたげ、国民の自由は無視され、人権は踏みにじられ、遂には戦争に掻き立てられることになること。これらこそ、最も重大な危険であること。以上のことを指摘する。[39]

であるならば、日本に軍備をまったく置かなくてよいということにもなる。しかし、横田は、それはそれで不健全である。結局のところ、日本と友好的な関係にある外国と個別的安保条約を締結し、その国の軍隊に頼るしかないと考える。日本は、その軍隊に基地を提供し、労力や経済的方法で協力する。それによって、日本は軍国主義化の危険を伴うことなく、防衛手段を持ち、侵略から守られる。それは、最も望ましく、最も適当な安全保障方式であると考える。[40]

つまるところ、冷戦が世界化する、あるいは深刻化する国際環境のもと、横田が日本自体は未だ民主主義や平和主義が本格的に根付かず、財政力の脆弱さからしても単独では十分な防衛力を保持出来ず、再軍備に踏み切るならば、再び軍国主義化は避けられないと見做していたことがわかる。

そういった条件下の日本の安全保障は、国連の集団的安全保障を支柱とすることが本来の行き方としつつも、それを補うものと想定した個別的安全保障である日米安保条約に依拠することがふさわしく、かつ望ましいと、極めて現実主義的視点から考えていたといえる。それは、平和憲法と現実の安全保障確保という問題に整合性を求めようとする横田の努力の表れともいえる。さらにいえば、冷戦の深刻化のなかで国連の安全保障という本来の行き方と日米安保条約という補完的性格の個別的安全保障との優先順位を入れ替えさせた直接の要因は、朝鮮半島という日本と隣接する最も近い外国において、中ソ両国の支持を得た北朝鮮の南進により突如勃発した国際内戦という性格の朝鮮戦争であった。

六　伊達判決と砂川判決

日本の国外では一九五三（昭和二八）年に朝鮮休戦協定が締結され、国内ではいわゆる特需景気の効果により一九五五（昭和三〇）年度の実質国民総生産が戦前の水準を超えたとして一九五六（昭和三一）年版の『経済白書』が「もはや戦後ではない」と述べた時、すなわち日本の社会がようやく落ち着きを取り戻し、わずかながらゆとりが生まれようとしていた時の一九五七年七月に、戦後日本の安全保障問題の根幹を揺るがす事件が東京都北多摩軍砂川町（一九六三年五月の合併に伴い現在は東京都立川市砂川町）で起きた。

それは、在日米軍立川基地の立ち入り禁止区域に入った基地拡張反対派二三名の労働者と学生が逮捕され、そのうち七名が刑事特別法第二条違反で起訴されたいわゆる砂川事件である。

本事件をめぐる裁判は、一九五九年三月に東京地方裁判所において開廷され、伊達秋雄裁判長のもと判決が下された。その主旨は、日米安保条約に基づく在日米軍の存在が戦力に当り、憲法の前文と第九条の戦力保持禁止に違反するとの判断に基づいて七名を無罪とするものであった。本判決に従えば、日米安保条約は憲法上違憲となり、在日米軍も駐留の根拠を失うことになる。それが世を揺るがしたいわゆる伊達判決である。

それに対して、ことの重大さに危機感を抱いた検察側は、半年後には日米安保条約の改定を控えるという時間的にも切迫した状況のなかで、高等裁判所を越えて最高裁判所（以下、最高裁という）に持ち込むという跳躍上告を行った。その結果、最高裁長官田中耕太郎が裁判長に就任して審理を進め、同年一二月に判決が下された。それは、戦力とは日本が指揮・管理出来る戦力を指すものであって、日本の指揮・監督権の及ばない外国軍隊は戦力に当らないとの判断に基づいて、一審のいわゆる伊達判決を破棄して七名全員を有罪とした。それを通じて在日米軍の存在が憲法の前文と第九条でいう戦力保持に当たらないとの最高裁の判断を示した。これがいわゆる砂川判決である。

既にみたように、本問題についての横田の見解は、右の最高裁判決の趣旨と一致するものであった。横田はそれを受けて「憲法の戦争放棄の限界――砂川事件に照らして」を『国際法外交雑誌』一九六〇年七月号に掲載する。それは、横田が一九五九年一二月の最高裁のいわゆる砂川判決の結果から日本の安保問題について何がいえるのか、何が明らかになったのか、逆に何を明らかに出来なかったのかを戦争放棄に関する規定に絞る形で分析し、戦争放棄の憲法上の限界性や戦力とは何かについて考察したものである。それはまた、横田が戦後日本の安全保障に関する自らの考え方を総括したものといえなくもない。

横田は、まず最高裁の判決が自衛権を明白に、かつ力強く肯定したと評価する。それは、判決文のなかで憲法第九条が「いわゆる戦争を放棄し、いわゆる戦力の保持を禁止しているのであるが、しかし、もちろん、これにより、わが国が固有の権利としてもつ固有の自衛権は、なんら否定されたものではなく」といっていることから、明白に自衛権を認めていることが分かるという(41)。それは、不戦条約における戦争の放棄と日本の憲法のそれとが実質的に同じであり、一致するものであるという(42)。

以上から、横田は、憲法第九条の第一項が自衛権を否定したものではないこと、本規定によって放棄されたのは、国権の発動たる戦争と国際紛争の解決の手段としての武力による威嚇または武力の行使であること、それらのどこにも外国からの攻撃や侵入に対して自国を防衛することは含まれていないことが結論付けられたという。加えて、憲法の前文及び第九条の解釈と運用をめぐり、それまで多方面で疑義を持たれ論議されてきたが、砂川判決は最終的にそれらに対する確定的回答を示したと評価し、かつそれらが自らの意に適うものであることもあって、本判決を格別に重視した。

続けて、砂川判決が単に自衛権を肯定するばかりでなく、わが憲法の平和主義が決して無防備、無抵抗を定めたものではないと、無防備、無抵抗を否定していることにも注目し、それは自衛権を肯定しただけでなく、それをより一歩進めたものと評価する。[43] 具体的には、同判決が「憲法の前文にも明らかなように……わが国が、自国の平和と安全を維持し、その存立を全うするために必要な自衛の措置をとりうることは、国家固有の機能の行使として当然のことと言わなければならない」[44] と自衛の措置を取ることが国家として当然であるといい、日本の平和と安全を維持し、その存立を全うするために必要な自衛の措置を取り得ることを明確にしたと評価する。[45]

砂川判決を受けて、横田はわが国が自衛の措置としてどのようなことを取り得ると考えたのであろうか。具体的には、国連の集団的安全保障は差し支えないとして、ある特定の国に安全保障を求めることが可能か否かについてどのように考えたのであろうか。

横田は、砂川判決が伊達判決を否定し、国連の軍事的措置に限定されることなく、平和と安全の維持のための安全保障であれば、その目的を達成するにふさわしい方式、あるいは手段である限り、国際情勢の実情に即応して適当と認められるものを選ぶことが出来ると前向きにとらえたことがわかるという。同時に、既にみたように憲法第九条はわが国が平和と安全保障を維持するために特定の国に安全保障を求めることを禁止していないという。[46]

この文脈から横田は、砂川判決が国際情勢の実情に即応して適当と認められるものを選ぶことが出来ると述べている点に大いに注目すべきであるという。それは、いうまでもなく国際情勢の実情を離れて、国家の安全保障を考え、その方式を論ずることが机上の空論に他ならないからである。どこまでも国際情勢の実情に即し、それに応じて適当と認められる安全保障方式を選び、手段を講じなければならない。そうでなければ、国家の存立を保ち、国民の生存を維持することが不可能であり、憲法の根本の目的と精神が覆されることになるという。砂川判決のなかで特にこの点についての言及があったのは、憲法の制定当時と砂川判決の時点では国際情勢の実情に重大な差異のあることを最高裁が認めたからである。以上のように横田は評価した(47)。

それについては、憲法が制定された一九四六年のはじめには米ソの協力体制が存続し、国際の平和と安全は国連によって十分に確保されるとの期待がまだ持てた。しかし、まもなく安保理事会で拒否権が行使されるようになると、国連による平和と安全確保への期待はかなり裏切られ、国連が実際に平和と安全を確保する力はあまり大きくなく、期待が持てなくなった。少なくとも、大国が攻撃や侵入を行うか、小国が大国の支持を得て攻撃や侵入を行う時に、国連が速やかに有力な安全保障措置を取ることは、期待出来なくなった。それを受け、最高裁が憲法制定時から一九五〇年代の冷戦熾烈期へと世界が推移する過程で安全保障に関して根本的な変化の起きたことを認識していたことが砂川判決を通じて示されたという。さらに、国連による安全保障を補うものとして地域的または個別的な安全保障が採用されることが世界の常道となり、定石になったことを強調する[48]。

次に、伊達判決では日本が指揮権と管理権を持つか否かに関係なく外国の軍隊でも戦力に当たるとしたが、砂川判決ではそれを否定し、憲法にいう戦力とは日本が指揮権と管理権を持ち、侵略戦争を引き起こすものと解釈した。従って、戦力とはわが国自体の戦力を指し、外国の軍隊は、例えそれがわが国に駐留するとしても、ここでいう戦力には当たらないと解すべきであると主張したのである。次に第二項には「陸海空軍その他の戦力はこれを保持しない」については、日本国憲法で定めるのはわが国が保持するか、保持しないかでなければならず、わが国の憲法で外国が保持するかしないかというようなことを定められない。従って、ここにいう保持を禁止された陸海空軍もわが国が自ら主体となって指揮権と管理権を持つ陸海空軍を指すのであり、外国の陸海空軍を指すのではないと判断する[49]。

憲法第九条全体のなかで最も論争になった戦力をめぐる問題について、侵略戦争を引き起こすようなものに限って保持出来ないのか、あるいは自衛のためのそれでも保持出来ないのかという論点をめぐっては、伊達判決では自衛のための戦力も保持出来ないとした。だが砂川判決では直接この点について言及していない。

横田は砂川判決が言及していないことに関して、裁判所というものの本来の役割や機能からして非難されるべきことではなく、むしろ当然であるという。理由は、裁判所の役割や機能は争点となる問題の枠内で法を解釈し、それに従って決定するのであって、争点と関係のない事柄について法を一般的に解釈するようなことは裁判所の行うことではないからであるという。つまり砂川事件の場合には、米軍の駐留が憲法に違反するか否かが争点であり、自衛のための戦力については争点外のため言及しなかった。従って、砂川事件については、最高裁が自衛のための戦力についての判断を回避したのではなく、裁判所の役割や機能の限界性からして、出来ないことであり[50]、そのことを砂川事件の判決文のなかの「いわゆる自衛のための戦力の保持をも禁じたものであるかないかは別として」という一節が物語るという[51]。

しかし、横田は、行間を読むような考察作業の結果に基づいて、最高裁が間接的には自衛のための戦力の保持を必ずしも禁じていないとみる。

その根拠は、第一にわが憲法の平和主義が決して無防備、無抵抗を定めたものではないといっているところに、その傾向がみえるという。それは、逆からみれば外国からの攻撃や侵入に対して防備を設けることをわが国の憲法が認めていることに他ならない。その場合の防備は自国を防衛するためのものであることから、結局は防備のための自衛力を認める傾向がみえることによる。

第二に自衛の措置について、「わが国の平和と安全を維持するための安全保障であれば、その目的にふさわしい方式または手段であるかぎり、国際情勢の実情に即応して適当なものを選ぶことができる」と述べているところにも同じ傾向がみえるという。

砂川判決では、国連の安保理事会などの取る軍事的安全措置に限定されるのではなく、他国に安全保障措置を求めることを差し支えないとした。しかし、必ずしもそれにとらわれることなく、国際情勢の実情に即応して適当と認められるならば、その他の方法でもよいはずである。その一つの方法として日本が自ら戦力を持つことも考えられるという。但し、その戦力とは、砂川判決にあるように、日本の平和と安全を維持するための安全保障という目的を達成するのにふさわしい方式か手段でなければならないことはいうまでもないという。第三に第九条第二項で保持を禁止された戦力とは、侵略戦争を引き起こすことのあるようなそれであり、裏返せば自衛のための戦力を認めるという傾向がみえるという。[52][53]

要するに横田は、砂川判決のなかで最高裁が戦力について直接に明言することは、それが争点外であったために出来なかったが、以上の三つの傾向に注目し、それらから、最高裁が自衛のための戦力保持を憲法が必ずしも禁止していないとみる傾向があるという。

横田は、これまでみたように砂川判決を正当なものと評価し支持すると同時に、自らの理解と最高裁の判決の趣旨が一致することに意を強くした。それ以上に横田が日本の安全保障の一手段として戦力を持つことに最高裁以上に積極的であったことを物語っているといっても過言ではないように思われる。

注

(1) 横田喜三郎「国際連合と日本の安全保障」『国際法外交雑誌』一九五〇年六月号、七一—七二頁参照。

(2) 同右、七二頁参照。

(3) 本措置は、具体的には軍隊の移動や動員の禁止、軍事的行動の一時的中止、軍事行動の一時的停止、対立する双方の軍隊間における中立地帯の設定などがある。国連の安保理事会は、それらの措置が必要、あるいは望ましいと認めた時には、それに従うよう関係当事国に要求することになっていると横田は説明する。同右、七三頁参照。

(4) 本措置には、経済関係と交通通信関係(鉄道、海上、航空、郵便、電信、ラジオなど)からなる非兵力的措置と、同措置が不適当、あるいは後に不適当と判明した時に取られる空軍、海軍、陸軍の行動を指す強制的措置の二つからなる。強制的措置は、国連加盟国の陸海空の三軍による示威、封鎖、その他の行動が含まれ、最終的には全面的な軍事行動にまで進むと横田は説明する。同右、七三—七四頁参照。

(5) 最上敏樹「国際連合——昨日・今日・明日」『UP』東京大学出版会、二〇一五年五月五日号、第四四巻五号、通巻五一一号、一八頁参照。

(6) 横田、前掲「国際連合と日本の安全保障」、七六—七七頁参照。

(7) 同右、七七—七八頁参照。

(8) 同右、七九頁参照。

(9) 同右、七九―八〇頁参照。
(10) 同右、八一頁参照。
(11) 同右、八三頁参照。
(12) 同右、八三―八四頁参照。
(13) 同右、八四頁参照。
(14) 同右参照。
(15) 同右、八六頁参照。
(16) 同右、八六―八八頁参照。
(17) 横田喜三郎「日本の安全保障」『国際法外交雑誌』一九五二年、三月号、三―四頁参照。
(18) 同右、四―五頁参照。なお、横田は自衛権の概念の歴史的展開について「自衛権の概念」『国家学会雑誌』一九五〇年六月に執筆している。詳しくは、本論考を参照。
(19) 同右、六頁参照。
(20) 同右参照。
(21) 吉田茂『回想の十年』第三巻、新潮社、一九五七年、一〇八頁参照。
(22) 横田、前掲「日本の安全保障」六頁参照。左派は当然であるが、横田と比較的立場の近い当時東大教授で平和問題談話会会長職にあった鵜飼信成や同志社大学教授であった田畑忍は、そのあたりに関する懸念を抱いていた。鵜飼「平和憲法と軍事協定の締結――果たしてゆるされるのか、許されるとすればその限界は」、田畑忍「軍事協定の締結と憲法感情」ともに『世界』一九五一年一〇月号所収参照。
(23) 同右、七頁参照。
(24) 同右、七―八参照。
(25) 同右、八―九頁参照。

(26) 同右、一〇頁参照。
(27) 同右、一一―一二頁参照。
(28) 同右、一三―一五頁参照。
(29) 同右、一六頁参照。
(30) 同右、一七頁参照。
(31) 同右、一八―一九頁参照。
(32) 同右、一九頁参照。
(33) 同右参照。
(34) 同右、二〇頁参照。
(35) 同右、二〇―二一頁参照。
(36) 同右、二一―二二頁参照。
(37) 同右、二二頁参照。
(38) 同右、二四頁参照。
(39) 同右、二五頁参照。
(40) 同右、二五―二六頁参照。
(41) 横田喜三郎「憲法の戦争放棄の限界」『国際法外交雑誌』一九六〇年七月号、第五九巻一・二合併号、一八四頁参照。
(42) 同右、一八六頁参照。
(43) 同右、一九〇頁参照。
(44) 同右、一九三頁。
(45) 同右参照。
(46) 同右、一九六頁参照。

(47) 同右、一九七頁参照。
(48) 同右、一九七―一九九頁参照。
(49) 同右、二〇二―二〇三頁参照。
(50) 同右、二一一―二一二頁参照。
(51) 同右、二〇八頁参照。
(52) 今日的には自衛力に相当する意味で横田が用いていると考えられる。
(53) 横田、前掲「憲法の戦争放棄の限界」二〇九―二一〇頁参照。

結びに代えて

横田喜三郎は、戦前、戦後を通じて一貫して戦争の違法化と国際紛争の司法的手段による平和的解決を模索し、国際法の研究、執筆活動さらには言論活動などに励んだ国際法学者であった。

その執筆活動や言論活動は、今日流にいえば国際関係学の研究者のそれに等しいといえるものである。その横田の言葉遣いで興味深いのは、自身が自由主義者であって左翼にも右翼にも属さず、ましてや革命家でもないにもかかわらず、「革命」という用語の使用頻度が比較的高いことである。恐らく、それは横田が変化を恐れない人物であり、実際に戦争を違法化し、武力でなく平和的手段によって国際紛争の解決が図られる世界の実現に向けての変化を求めていた人物であったことを物語る。そして、その基底には変化が進歩、発展をもたらすとの楽観的姿勢があったとみることが出来る。

横田の平和思想、分析枠組み、そして行動の淵源には、戦争の大規模化、長期化、人的・物的被害の甚大化など、一九世紀までの戦争の常識を覆した二〇世紀最初の大戦争である第一次世界大戦という未曾有の惨禍を経験したこと、同戦争後に国際思潮となった自由主義、民主主義、平和主義そして国際協調主義の洗礼を受けたこと、換言すれば米国大統領であったウイルソン流の新外交、連盟規約、不戦条約などを強く支持し、その後の国際社会の規範として大いに期待したこと、さらには第一次世界大戦をはるかに上回る惨劇をもたらした第二次世界大戦への反省と同大戦末期に開発され広島、長崎で実際に使用された核兵器に対する恐怖の念がある。

歴史的に振り返ると、横田は、満州事変を軍部が主張した自衛のための行動と認めるわけにはいかないとし、国際協調主義に基づく問題の平和的解決を求めた。そのために軍部、政府に警鐘を鳴らし、軍事的発展策に対しては反対の姿勢を貫いた。その顕著な例としては、満州事変批判、アジア・モンロー主義批判、ドイツとの提携批判などが挙げられる。

第二次世界大戦後には、連盟の問題点を克服した形の国連の平和維持の役割に対する期待に胸をふくらませ、また戦時中の自らの辛く苦い経験からしても、戦後日本の安全保障に対して国連の果たす役割への期待にはとりわけ大なるものがあった。同様に、不戦条約を源流とする戦争の違法化の流れを具現化し、交戦権を放棄した日本国憲法の誕生を心から歓迎した。それは、国連の目的と日本国憲法の前文と第九条との整合性に負うところが大きかったことによる。同じ文脈で極東国際軍事裁判も肯定した。

しかし、冷戦の深刻化と世界化に伴って次第に米ソ両国間の協調が困難となり、国連の安保理事会が米ソ両理事国の拒否権発動によって機能不全を起こした。また冷戦のアジアへの波及によって、日本が多数講和方式のサンフランシスコ講和条約によって独立を回復しなければならなかったように、わが国をめぐる国際環境も大きく変容した。

それに対して、横田の戦争の違法化と国際紛争の司法的解決をよしとする姿勢そのものには変化がなかった。だが国連の安全保障機能への期待感を弱め、代わってその補足的手段である集団的安全保障や個別的安全保障、具体的には日米安保体制による日本の安全保障確保に重点を移さざるを得なかったことは事実である。

その直接の契機は、既に触れた朝鮮戦争の勃発である。それは、北朝鮮の金日成の側からすれば祖国統一戦争という解釈も成り立つが、日本の安全保障に現実的視点から関心を寄せる横田にとっては、朝鮮戦争もさることながら北朝鮮の韓国に対する「侵略」的側面を重視せざるを得なかったのである。

個別的安全保障の役割を担う日米安保条約をめぐっては、在日米軍に日本防衛義務がないこと、極東の平和と安全のためにも在日米軍の使用が可能なこと、在日米軍がわが国の内乱や騒じょうの鎮圧に出動可能なこと、条約期限がなかったことなどを中心に、調印前から多々問題点が指摘され、革新政党、労働組合、いわゆる進歩的知識人、マスメディア、学生などの主に左派や非武装中立を求める立場からの反対の声には大なるものがあった。それは、戦後最大の政治的争点といっても過言ではなく、一九六〇年の安保条約改定運動の盛り上がりを頂点にそれ以降も長く続いた。

しかし、横田は、これまでにみた自らの安全保障についての見識、すなわち、安全保障確保の必要性を認識していたこと、戦後の日本の経済力では十分な防衛力を保持出来ないこと、それと矛盾するようであるが、防衛力の保持に力を入れることは、日本の民主主義の未成熟さから軍部の台頭、すなわち戦前の悪夢の再現が不可避であると懸念したこと、戦後の経済的疲弊から脱却出来ない段階では社会不安も大きく、左翼勢力や労働者、学生によって社会主義革命を目指す大規模な騒乱や騒じょうの起こる可能性を否定出来なかったこと、その場合には戦後弱体化された警察力だけでは対応出来ないとみたこと、そのためにも米軍の協力が必要と考えたこと、以上から日米安保条約反対の声には批判的立場にあった。

ところで世に戦後の横田への強い反発と「変節」批判がある。本問題は、本書の意図と目的からは外れるものであるが、横田の場合には避けられない問題でもあるため若干触れておきたい。横田の現実的視点に立ってその時々の最善を求める柔軟な思考からすると当然のことであるが、横田は、国連による日本の安全保障確保から日米安保体制の構築による日本の安全保障確保に基軸を移さざるを得なくなったと考えた。それは、国際環境の変化という現実に即した考え方の修正であり、思想・心情の変更を伴うものではない。そういう意味で、本件は世にいう変節とは異なるものである。

だが横田が極東国際軍事裁判を法理論的に肯定したこと、また天皇制批判を行ったことの二点は、とりわけ天皇を日本文化の神髄ととらえる民族主義感情と天皇に対する崇拝の念を抱く保守論客の逆鱗に触れた感が強い。

極東国際軍事裁判の場合、近衛文麿と同様に、勝者が敗者を裁くという不公平で屈辱に満ちた裁判とみて、それに強く反発、あるいは拒否する保守論客が主に反対の根拠としたのは、国の上級機関にある者の個人的責任や罪刑法定主義をめぐる法的不備の問題であった。しかし、横田が同裁判を肯定するにあたっては、ポリティス・ベネシュ報告にある国際裁判なくして安全保障はあり得ないという二重の公理の一つに対する支持と高い評価が背景にあった。また戦争の違法化という横田の終生変わらぬ主題から導き出されるものであった。従って、保守論客の立場からすれば、横田が面白くない存在であったことは容易に想像出来る。しかし、それはよって立つ立場の違いから生まれる心情や見解の相違といえる。

天皇制批判にしても、軍靴に踏みにじられ辛酸を嘗めさせられる結果に終わった戦前の日本の民主主義が、未熟な段階にあっていかにもろいものであったかを痛感させられた横田が、民主主義再建の本来の行き方を追求する過程で、天皇の地位の世襲される天皇制ではなく、純粋かつ理論的には国民主権に基づく民主制の実現を望んだ上での批判である。だが同時に国民が広く天皇を支持し、その存置を望む時には、国民の要望を受け入れ、その上で戦前の天皇制と戦後の天皇制を断絶し、別の形態とする。すなわち、天皇が政治へ関与することがないように、天皇を一切の政治と権力から切り離し、その行為を厳しく儀礼に限るように日本国憲法の天皇に関する規定の修正を求め、自らも修正の提案を行った（本書「補論」参照）。

ここからも分かるように、横田は決して教条主義的、あるいは反主知主義的な天皇制廃止論者ではなく、国民の声を理解すると、それを実現しようとし、そのために、戦前の天皇制と戦後の天皇制を連続した関係とするのでなく、関係性を断絶し、新たに天皇制と民主制との両立を図ろうとする現実主義的かつ柔軟な思考の持ち主であったことがわかる。従って、象徴天皇制と国民主権という形で天皇から政治が完全に切り離され、天皇制と民主主義の両立が図られてからは、天皇制に反対する立場を取ることもなかったし、ましてや反対することもなかった。

従って、横田の場合には極東国際軍事裁判肯定の問題にしても天皇制の問題にしても、それらが突然の思い付き、あるいは曲学阿世を目的とするといった類の見解ではなく、平素からの自由主義に基づく学問研究の文脈から導き出されたものである。そのことを考えると、横田の見解は、意見が異なる、もしくは立場が異なるにしても、やはり尊重されねばならない。

また保守論客は、横田が勲章を授与されることが予測された時に、天皇制にまつわる自らの過去を隠蔽するために都内の古書店をまわって自著『天皇制』（労働文化社、一九四九年）を買い占め、そのために本書の古書価格が高騰したと、批判というよりも非難した。[1] 横田が自著を買い占める行為に及んだことを認めるとしても、横田の意図が果たして保守論客のいうような動機に基づくものであったのか、横田亡き今日確かめようもない。しかし、それには腑に落ちない点もある。

それは、周知のように一度出版された書籍は、例えば研究者、学生、公立図書館、大学図書館、国会図書館などに広く所有、もしくは所蔵されていることから、横田が個人的に都内の古書店をまわって自著を買い集めたとしても、それによって自著出版の事実を消し去ることは不可能である。叙勲する側の目をごまかすことも無論出来ない。そのようなことは、横田も重々承知のことではないであろうか。その後、横田は最高裁判所の長官に任ぜられ、実際に昭和天皇から勲一等旭日大綬章、勲一等旭日桐花大綬章、文化勲章などを親授されているが、であるからといって、横田の論客としての姿勢が世に媚びたようにはみえず、逆に国際法学者然としていたようにみえるからである。

最後に、横田がよしとした日本国憲法の前文と第九条に基づく平和憲法は、戦後日本の理想を体現するとともに、経済大国・軍事小国という戦後日本を創造するバックボーンとなった。それは、反共、自由主義、民主主義というイデオロギーや価値観を共有する日米友好関係、両国の同盟関係を示す日米安全保障条約に基づく在日米軍の存在によって可能となったといえる。だが既に冷戦が終焉した今日、なお日米安全保障条約が機能し在日米軍も駐留を継続しているとはいえ、反共という共通の価値観は既に失われている。そういう意味で、平和憲法をめぐる状況は大きく変質したといえる。

いうまでもなく冷戦終焉後の世界も大きく変質した。イデオロギー対立に代わって民族主義の高揚、宗教対立の激化、地域大国志向、異文化対立、反グローバリズム、テロリズムなどを特徴とする世界に移行した。

そうした今日の世界の始まりを世界に告げた事件が、一九九〇(平成二)年八月のイラク軍のクウェート侵攻であった。本侵攻は地域大国化を意図したイラクによるものであった。その結果、翌九一(平成三)年一月に、米軍を中心とする多国籍軍とイラク軍との間に湾岸戦争が勃発した。わが国は、一九七三(昭和四八)年の第四次中東戦争の勃発時にアラブ産油国が発動した石油戦略で辛酸を嘗めた経験から、当初その二の舞となることを懸念した。だが、予期に反して、多国籍軍を派遣した国々からわが国に対して国際貢献を強く求められるようになったのである。これは、米国の相対的な力の低下によって、朝鮮戦争やヴェトナム戦争のように、基本的には米国単独で戦うことが不可能になったことを背景とするものである。従って、防衛力増強や経済摩擦時の日本市場開放といったこれまでに経験した要求とは次元の異なるものであった。それだけに、戦後憲法第九条のもとで構築された日本の安全保障の在り方に再考を求め、日本外交に新たな役割を求めるものであった。

それは、ペリー来航時に眠りを覚まされることになった四隻の蒸気船騒動にも似た側面があった。具体的には、自国の平和のみを追求する内向き姿勢の日本に対して、多国籍軍を派遣した国々から一国平和主義批判が高まり、外向きの姿勢、換言すれば国際貢献に力を入れるよう求められたことである。

それは、経済大国としての日本が外国からはいかにも身勝手にみえる一国平和主義という殻のなかに閉じこもり、いつまでも眠りをむさぼっていてはならないとの警鐘を打ち鳴らされ、国際協調主義の採用を求められたに等しい。またある意味で平和憲法の限界性を思い知らされ、その改定や修正といった見直し、つまり憲法改正を迫られる契機ともなり、今日に至っている。ここから第二次安倍晋三政権下の二〇一三（平成二五）年に積極的平和主義という発想が生まれ、その具体策としては、従来からの政府開発援助（一九八〇年代前半にソ連を抜き、米国に次いで第二位の地位にあった。しかし、遺憾ながらその額は年々減少し、二〇一四年には支出総額で英独に抜かれ第四位に転落した）の拡大と、自衛隊のＰＫＯ活動の新たな任務として、これも問題なしとはいえないが、駆け付け警護が位置付けられる。(2) とはいえ、それらは緊急対応的性格のものであって、日本の対外姿勢についての本格的見直しに基づくものではない。そういう意味で、多国籍軍を派遣した国々の理解を得られるだけの内容を満たす水準にはない。

一方日本の人口構成比の変化をみると、戦後七〇年を上回る年月を経る間に戦争体験世代の比率が低下し、経済的に豊かな時代に生まれ育った若い世代の比率が増えた。それに伴って、国民の意識も変化した。そこに見出せる一つの大きな特徴として、豊かさを反映して政治、経済、そして社会問題に対する関心の低さ、それに伴う現状追認の姿勢がある。平和憲法をめぐっても、世界において比類ないものと格別視することから、所与条件として疑問を持つことなく、あるいは当然のこととして受け入れる大勢がある。

その一方で、矛盾するようであるが、憲法を金科玉条、あるいは永久不変の硬性憲法と受け入れるのではなく、変化に応じて修正ないしは改変の必要性を認める国民が増えてきたこともまた事実である。(3) 世論調査機関によって多少数字の違いがあるとはいえ、憲法改正支持の世論が五〇%近くまで増加しているのは、その反映である。

それには、野党に対する期待の小ささ、中国の軍事大国化と海軍の外洋展開能力の強化による脅威の増大、北朝鮮による核開発の動きなどが大きな要素としてあることを認めるにやぶさかではない。それが、憲法第九条の改正を宿願とし、我が国の憲法学者の二割程度しか自衛隊を合憲といい切る者がいないことに憤る(4)安倍政権下における安保関連法をめぐる国会での議論や憲法改正に向けての動きに対しても、いわゆる六〇年反安保闘争を彷彿とさせる大規模な反対デモの輪が全国的な広がりをみせることもなく、同政権の反中包囲網形成を目指す積極的な外交上の動きや、あくまでも北朝鮮に非核化とミサイル開発の阻止を迫る姿勢、離島防衛能力の向上を図る自衛力の強化、日米の合同訓練による米軍と自衛隊の一体化の促進などに対する肯定的態度となってきたといえまいか。そういう意味では、日本の外交や外交世論の動向をみる限り、湾岸戦争を契機として「戦後」意識とは決別する兆候が芽生えたといえなくもない。

では、冷戦終焉後の日本の憲法や安全保障体制はどうあるべきで、そのためにいかなる選択をしていくべきであろうか。まずは、それを考える前提として、第九条を中心とする憲法改正問題をその時々の政争の具として用いないように留意しなければならない。その上で、第九条の存在によって平和憲法と呼ばれるこの国の憲法が、第二次世界大戦の敗北の結果押し付けられた、あるいは戦後突然生まれた新思想に基づくものではないこと、国際協調主義を前提としていたことなどを十二分に理解する必要がある。すなわち第一次世界大戦と第二次世界大戦という筆舌に尽くしがたい辛酸を嘗めることになった未曾有の戦禍の反省の上に生まれた、国家間の紛争の武力による解決を廃し、その平和的解決や戦争の違法化を目指す不戦条約、国際連盟規約、国連憲章などの国際協調主義の流れのなかから生まれたものであることを想起する必要がある。その上で将来に向けて知恵を出し合う時と思われる。

それにもかかわらず、国会での論戦をみていると、未だ第九条の改廃か現状維持か、あるいは新たな項の付加かの問題が先にありきの旧態依然の様相を呈し、わが国の安全保障の再検討を硬直化させている(5)。

そんな時であればこそ、われわれは国際協調主義に基づいて国際紛争の平和的解決と戦争の違憲化を追求した先人である横田から、第一次世界大戦後の戦争の違法化と国際紛争の平和的解決に向けた不戦条約、連盟規約、そして国連憲章などへとつながる文脈、その帰結ともいえるわが国の平和憲法の意味や自衛権について学び、示唆を得ることが緊要と思われる。そういう意味で、今はもう一度、横田喜三郎に回帰する時といえよう。

注

(1) 若槻泰雄『売文業者たちの戦争責任――日本人と法』原書房、一九九七年、中西輝政・福田和也『皇室の本義――日本文明の核心とは』PHP研究所、二〇〇五年参照。

(2) 二〇一六年一一月から南スーダンで国連平和維持活動(PKO)に従事する陸上自衛隊に駆け付け警護の任務が付与された。だが現地の治安悪化を理由に翌一七年三月に撤収し、現在駆け付け警護は行われていない。

(3) 総務省統計局の人口確定値によれば、二〇一七年二月の段階で戦争を知る、もしくは多少とも知る七〇歳以上の世代は一九・七%に過ぎず、二割を割っている。残りの八〇・三%の世代は、戦後の経済大国軍事小国日本の時代の人間が主体といって過言でない。

(4) 二〇一八年二月七日付『読売新聞』参照。

(5) 二〇一五年の安保法制の議論をめぐって、安保法制の内向き性格に疑問を提起し、同議論のなかから国際協調主義が消えたことを遺憾とし、「日本国憲法が禁止しているのは、侵略戦争を中心とする違法な武力行使であり、憲法が追求しているのは、国際の平和と安全を推進する措置のはずだと考えている。国際協調主義に合致するかどうかの基準の基本精神だと考える」という指摘は示唆に富む。篠田英朗『集団的自衛権の思想史――憲法九条と日米安保』風行社、二〇一六年、九頁。

〔補　論〕無条件降伏と国体

日本は一九四五（昭和二〇）年八月一〇日にポツダム宣言を受諾し、いわゆる無条件降伏を受け入れた。その際に、政府が最重要視した問題は、それによって日本の国体が毀損することがないか、具体的にはどのようにすれば国体を護持出来るかであった。同時にそれには政府が細心の注意を払わねばならない側面があった。それは、日本人の心情と切り離しにくい微妙で繊細な問題、換言すれば合理的思考だけでは判然としきれない日本人の自尊心にかかわる問題である。

それは、日本政府がポツダム宣言受諾を連合国に通告する際に、本宣言を国家統治の大権を変更するとの要求を包含していないとの了解のもとに受諾すると伝えたこと、情報局総裁であった下村宏が国体の護持と民族の名誉のために政府が最善の努力を尽くしていると力説したこと、陸相の阿南惟幾が国体護持の必要性を強調したこと、そして同一五日以降に戦争の終結に関するラジオ放送を通じて国民に対し国体が護持された旨を繰り返し伝えたことなどにより例証される。

戦前、戦中に自由の抑圧や言論の弾圧を受けた横田喜三郎が戦後いち早く、その後の日本の在り方と大きくかかわる国体の問題に関心を持ったことはいうまでもない。

横田がまず注目したのは、やはり日本がポツダム宣言を受諾し、無条件降伏した結果、国体が護持されたのか否かをめぐる問題であった。それは、天皇制の存置を含む問題と直接関係するという意味でも重大性を帯びていた。本問題を考察するために、横田はまず無条件降伏によって日本が主権を制限されたのか、あるいは否定されたのかを検討した。

横田によれば、この問題を考えるには単純な統治権としての意義と最高の無制限な統治権としての意義の二つを分けて考える必要があるという(1)。

日本は、単純な統治権としての主権という意義に従えば、無条件降伏によって主権を否定されなかったとみる。その理由を、例えば①ポツダム宣言の第八項において日本の主権が北海道、本州、四国、九州並びに諸小島に限られるといっていること、②それは、それらの地域が日本の主権の及ぶ領土であることを認めるものであり、それによっても日本の主権が否定されていないことが明示されていること、③日本が、ポツダム宣言受諾の通告のなかで、同宣言が天皇の国家統治の大権を変更するとの要求を含まないとの了解のもとに受諾すると述べていること、に求める。

それに対して、翌一一日に発せられ、一二日に接受された連合国側の回答は、天皇と日本政府の統治権が連合国最高司令官の制限のもとに置かれるものとするというものであった。それは、主権の一部制限があるとはいえ日本の統治権を肯定したものにほかならないとみる。同じ趣旨が「降伏後における米国の初期対日方針」にも示されているという。だがドイツの場合には、統治権が米国、ソ連、イギリスなどの連合国軍司令官によって行使され、ドイツ自身による統治権の行使が否定された。すなわち、ドイツの主権が連合国側に奪われた結果、ドイツは国としての主権を失い、その存在を認められていない。そうしたドイツの様相と日本のそれとは異なるという(2)。

一方、主権という意味で用いられる最高かつ無制限な統治権という意義に従えば、日本の統治権が降伏文書とそれに関係する諸文書によって否定されたことを認めねばならないという。それは、日本の統治権が連合国最高司令官の制限のもとに置かれることにより、最高性が失われ、制限を受けるからである(3)。

本問題について、横田は「主権と無条件降伏との関係は右に述べたところによってほぼ明瞭になつたとおもふ(4)」と述べ、次の国体と無条件降伏との関係へと考察の対象を移す。

ここで興味深いことは、戦前の表現の自由が失われていく、あるいは失われた重苦しい時代にあっても、横田の論はつねに明快で、歯に衣を着せぬ展開があり、小気味よささえ覚えるものがある。それに対して、意義の区別によって統治権の肯定と否定という矛盾する結論を並立させるような考察の終わり方は、それまでの横田にはみられないことであり、強いていえば横田らしさに欠けるといえなくもない。それだけ戦後間もない日本の動静が流動的で、予測のつきづらい混沌とした様であったことを物語るともいえる。

それはさておき、横田は、国体と無条件降伏の関係について考察するには、「日本の統治権の制限」と「人民の自由意思による日本の統治形態の決定」という二点が問題になるという。第一の点は、日本の統治権が連合国最高司令官のもとに置かれることから、制限的なものとなった。そのことが国体と抵触しないか。それが問題であるという。

明治憲法第一条でいうように、大日本帝国は万世一系の天皇がこれを統治するということであれば、降伏文書は国体と抵触しないと考える。その理由は、統治権が制限されたとはいえ、統治権そのものは否定されず、天皇が統治権を有することも疑いようがないと考えることによる。

しかし、統治権を最高かつ無制限な統治の権能という意義、すなわち一般的に用いる主権の意味に解するならば、降伏文書のもとで天皇はそうした統治権を有しないこととなり、国体と抵触することになると考える。但し、日本古来の思想においては、統治権をそうした意味に理解することが十分に意識されておらず、その意味における統治権を国体の本質と考えてこなかったと考えられる。従って、その立場からすれば必ずしも国体に抵触するものではないという(5)。

第二の点は、人民の自由意思による統治形態の決定をめぐる問題である。ポツダム宣言では日本人民の自由に表示された意思に従って平和的、かつ責任ある政府が樹立された時、連合軍は直ちに撤収するという。また既にみた八月一一日の連合国側の回答は、日本の最終的な統治形態が日本人民の自由に表示された意思によって決定されるべきであるといっている。いわゆる最終的な統治形態は政体のことに他ならないが、この政体には国体も含まれると考えられることから、国体を含む政体が人民の自由意思によって決定されるとなると、人民主権の意味を持ち、日本の国体と抵触することになるという。

だがポツダム宣言と八月一一日の回答との間には重点の置き方に差異があると考えられるという。ポツダム宣言の場合には、撤兵の時期を定めることが目的とされており、政体の決定を目的としたものではない。その上、平和的かつ責任ある政府に重きを置き、政体そのものを直接問題としていない。それだけでなく、「日本人民の自由に表明された意思に従って（in accordance with freely expressed）」となっており、人民が決定の主体であるという意味が必ずしも明白に表されていないと横田は解釈する。

それに対して、八月一一日の連合国側の回答は、直接に政体の決定を目的としたものと考えられる。のみならず具体的な政府が問題でなく、政体そのものが直接に問題となっている。そして、「日本人民の自由に表示された意思によって（by the freely expressed will of the Japanese people）」となっており、人民が決定の主体であるという意味が明確に示されていると解釈する。

従って、横田は、ポツダム宣言では天皇が人民の自由意思を確かめ、それに基づいて政府または政体を決定すると解釈する余地があり、国体に抵触しないとみる可能性が残されている。

しかし、連合国の回答には、そうした解釈の余地がないという。(6)

以上を踏まえて、横田はポツダム宣言と八月一一日の回答のどちらに重きを置くべきかの検討に移る。

ポツダム宣言は、降伏文書の第一項と第六項のなかに取り入れられ、同宣言の受諾とその誠実な履行を定めている。それに対して、八月一一日の連合国側回答のこの点に関する規定は、降伏文書のなかに取り入れられていない。本回答中の他の点に関する規定が概ね降伏文書のなかに取り入れられているにもかかわらず、最終的な統治形態に関する規定は取り入れられていない。しかも、降伏文書こそ確定的に効力のある正式の文書であるから、それに取り入れられていないことは正式な内容の文書をなさないと考える。この点からみれば、ポツダム宣言に重点を置き、それに従って解釈するのが適当と考えられるという。それだけでなく、連合国の回答においても、日本の最終的な政治形態はポツダム宣言に従って日本人民の自由に表示された意思によって決定されるべきであるといっているように、ポツダム宣言が基本であることを暗示しているという。(7)

論としては右の結論で十分と考えられる。しかし、横田は、それをもって論を閉じず、但し連合国の回答も全く無視することが出来ないであろうと、さらに論を重ねる。

その理由として、以下のように述べる。曰く、連合国の八月一五日の回答は、日本がポツダム宣言と八月一一日の連合国回答を完全に受諾したものと認め、その前提のもとに降伏文書が成立しているのであるから、八月一一日の回答中の規定を全く無視することも出来ない。少なくとも降伏文書なり、そのうちの一部を構成するポツダム宣言の解釈にあたってこの点を充分に考慮する必要がある。特に、これらの文書がわずかでも明瞭さを欠く時には、一層その必要がある。今問題となっているポツダム宣言の規定は、既述のように必ずしも絶対に明白であるとはいい切れないものがある。その場合には、八月一一日の連合国の回答の規定を重要な解釈の資料としなければならないこととなり、既にみたように人民が決定の主体であるとの意味に解釈される可能性も生まれるという。そうなると、日本の将来の統治形態が人民の自由意思に基づいて決定されねばならないことは疑いない。それは、人民主権の意味を持つことになるから、日本の国体と抵触する恐れがある、と[8]。

右のように理由を述べながら、ここで再度ポツダム宣言に言及し、同宣言に重点を置き、それに従って解釈すると、ある程度まで国体と抵触しないように解釈する余地もある。この解釈方法はおそらく正当なものであろうと繰り返しながら、同時に八月一一日の連合国の回答もやはり重要な解釈資料であり、それに従うと、国体と抵触しないような解釈の余地がなくなると論を繰り返す。こうして、最終的結論としては、国体と抵触しないように解釈する余地はあるが、確定的なものではなく。いくらかの疑問を免れないことになる、と結局はあいまいなまま

に論を終える。(9)

このような従来の横田には似つかわしくない明晰さに欠けるあいまいな表現は、彼の姿勢が揺らいでいるとみるよりも、次を意図した慎重な表現であったと見做す方が適当と考えられる。それは、当時の横田が後々まで注目を浴びることになり、また天皇を日本文化の神髄とみる保守論客から厳しい批判を浴びることになる天皇制批判を含む『天皇制』（労働社、一九四九年）を、近いうちに出版する構想を練っていた時期と重なることにある。従って、あいまいな論を展開していたことと新著の構想を練っていたことを重ねあわせると、横田自身のなかで、天皇制の廃止によってより純粋な民主主義の実現を志向する理想論と天皇制と民主主義の両立を図るという現実論とが交錯していた時期と考えられるからである。

横田は、天皇制批判の考え方について右の『天皇制』所収の第五章「天皇制の批判」のなかで次のように述べる。

まず国体について、新憲法の制定によって天皇制は変質し、憲法上で問題となる国体は変革された。憲法上直接問題にならない一般的精神的な意義の国体もほとんど変革されたと述べる。(10)それは、民主主義の確立を宿願する横田が天皇制の存続を受け入れるには、戦前の天皇制と戦後のそれとの間に一線を画し、それによって戦前と戦後の天皇制を断絶した別のものとする必要があると考えていたことを物語る。それを、横田耕一氏は、明治憲法から日本国憲法に変わったにもかかわらず、国体は変わっておらず連続しているとの国体不変更論に対して論駁することを意図し、日本国憲法下の天皇制を創設的に捉えようとしたとみる[11]。

横田は、まず天皇制と民主主義との関係、あるいは天皇制の意義や価値について民主主義をよしとする立場から純粋理論的に考察する。

その前提とする民主主義について、その根本概念は平等にあるとし、究極においてはすべての人間が同等な価値を持つことにあるという。君主主権は、国民主権と対峙する概念であり、すべての人の平等を認めず、特殊の人の優越を主張する。

以上に照らして、民主主義と天皇制はどのような関係にあるのか。両立可能なものなのか、あるいは両立し得ないものかを考察する。横田は、明治憲法体制下において天皇制が天皇に特殊な地位を認め、特別な権力と利益を与えた。天皇が主権者であり、統治権の総攬者であった。従って、天皇の地位は特殊な最高の地位であり、他の人の地位とは原理的に異なるものであった。しかも、天皇はそうした特殊な地位と権力を単にその血統に基づいて受ける。いわゆる万世一系の血統に生まれたというだけの理由によって受ける。そこには、他の人々とは絶対の差別、原理的な区別があった。つまり、明治憲法下の天皇制が民主主義とは両立しないことは明白であり、民主主義の基礎にも、その根本観念にも相反し、完全に矛盾する、と考える[12]。

次に新憲法のもとにおける戦後の天皇制については、民主主義に反するところが少なくなったことを評価すると同時に、一種の特別な地位を与えられ、民主主義の根本観念に反する点のあることを批判し、次のように主張する。曰く、天皇は主権者でなく、また統治権の総攬者でもない。国家の最高の意思または権力を有しない。神格化され、現人神といわれるようなこともない。これらの点で民主主義に反するところが著しく少なくなった。しかし、少なくなったのであって、なくなったわけではない。天皇は、日本の国家と国民統合の象徴として、やはり一種の特別な地位を与えられている。その地位には、明治憲法下の天皇制と比較すると大きな権能を有してはいないが、それでも国事に関する行為を行う権能を有し、その地位と権能はいわゆる万世一系の血統に生まれたということに基づいている。この点は、それまでの天皇と変わっていない。要は、民主主義の根本観念に反することがよほど少なくなったとはいえ、依然として民主主義の根本観念に反し、民主主義の基礎を無視している、と。

一方、横田の考えに批判的であり、日本の特殊な国柄を理由に西洋の民主主義を日本に当てはめることが適当でないとの説に対しては、横田は次のように主張する。本説は、天皇制の擁護と維持を目的としたものである。日本では天皇が徳をもって民を治め、民がおのれを空しくして天皇に奉仕してきたのであって、いわゆる君民一体、君民同治の国柄である。西洋では、君主と人民が対立し、争い、その結果として王制を打倒し、民主主義を発展させ、確立してきた。民主主義は、個性と自我、自由と平等という西洋流の観念の産物であって、それをそのまま日本に当てはめることは適当ではないという考え方に基づくものである、と。さらに日本にはルネッサンスも啓蒙思想もなかったことから、個性と自我、自由と平等の価値も意義も理解出来なかった。かえって、極端な国家主義と封建思想のもとに天皇への忠誠と国家への奉仕だけを教えられた。それだけに、日本人が封建思想と専制制度から解放されたならば、当然自我を発見し、個性を自覚し、自由の価値を知り、平等の観念を身につけることになる。そうすれば、必然的に民主主義を要求するに違いない。従って、日本の特殊な国柄を理由に、民主主義に対して天皇制を弁護することは決して正当とはいえない、と主張する。[13]

続いて、もう一つの説、京都帝大教授の佐々木惣一に代表される、天皇制は政治上で望ましい機能を果たすという説についても批判する。

その趣旨は以下のようである。曰く、この説の中心は、天皇制のもとにおける天皇が全体の立場から政治を思い、政治を行うという主張にあるという。自分たちが自分たちの立場に立って要求し、行動する場合には、共同生活全体の立場を忘れて政治的に要求し、行動する傾向を持つ。それに対して個々の立場から要求し行動するのではなく、ひとつに共同社会全体の立場から政治をなす者があるならば、その者の態度は共同社会全体のために役立つ。その者は、自己の立場に立つことなく政治を行うのであり、いわば立場なき立場において政治を行う。それは、統治権の総攬者がその地位を国民から授けられたという根拠によるのではなく、ただ特別の血統から出ているという根拠によってその地位を有する場合には、その者が特に自己の立場に立って政治をなすのではなく、共同生活全体の立場に立って政治を行う可能性が高い。天皇制のもとにおける天皇については、そうした可能性が高いということが出来る。わが国古来の帝王教育といわれているものは、天皇としての徳を養うことであるが、立場なき立場、すなわち全体の立場に立って政治を行うということの教育である。天皇に私生活なしという言葉も、結局は同じ意味に帰する、と。(14)

右の佐々木に代表される説に対して、横田は、単に理想を述べたに過ぎず、理想と現実は異なるという。天皇がもっぱら公の立場から政治を行うことは理想に他ならず、必ずしも現実ではない。実際に日本の歴史を顧みると、この理想に反した現実がどんなに数多くあったであろうか。雄略天皇のような暴政もあったし、親子兄弟が互いに天皇の地位を争い、そのために武器をとって戦ったことさえ少なくない。

戦前までのように、事実を曲げ、真実を隠し、美しく飾り立てられた歴史ならばともかく、真実の事実として歴史をみるならば、天皇がもっぱら全体の立場から政治を思い、政治を行ったというようなことは決してない。天皇に私生活がないということも、もとよりいえない。

おそらく、そのためであろう。佐々木としても、天皇がはっきりそうであったとは明確に述べていない。共同生活全体の立場に立ち政治を行う可能性に富む、あるいは天皇制下の天皇については、そうした可能性が期待できる。自己の立場から脱却して国事を考え、政治を決定するということは実際にはむずかしい……しかし、建前としてそういう任務があるというものがあればよい……建前としてであっても、そういう任務を有する天皇という機関があるといっている。可能性や建前からしても、佐々木が自ら天皇が必ずしも全体の立場から政治を思い、政治を行うのではないことを認めていることがわかる。[15]

それにもかかわらず、佐々木の書いたものを読むと、天皇についてはあたかも「建前」が「現実」であるかのような、「可能性」が「事実」であるかのような印象を受ける。単に印象だけでなく、佐々木はだいたいその立場にある。ここで、天皇をめぐる神秘性がどんなに根強いものであるかを今更のように感じさせられる。佐々木は、決して神秘主義的な学者ではなく、むしろ合理的な学者である。それにもかかわらず、天皇に関しては、「可能性」から「事実」へ、「建前」から「現実へと飛躍が行われ」、天皇が理想化され、神格化されている。こうした神秘性を潜入させることは、他の問題であれば、佐々木のような合理主義的な学者によって決して行われなかったであろう。だが、ひとり天皇に限っては行われた。このことは、天皇をめぐっては今でも神秘主義が根強く作用していることを示すものに他ならないという。[16]

ここで横田は、天皇制の望ましくない機能について二つの要因を挙げる。第一の要因は、天皇制が血統に基づくために十分な能力を持たない人が天皇になることがあり得るという点である。第二の要因は、天皇制をめぐる神秘主義のために、天皇が不当に利用されることがあり得るという点である。そして実際に経験した著しい例として満州事変から太平洋戦争に至る事例を挙げる。そして次のように主張する。曰く、満州事変から日中戦争を経て太平洋戦争に至るまで、軍部と官僚によって、とりわけ軍部によって天皇制は極度に利用され、極端に悪用された。その際に天皇の意思が弱かったことと、天皇制を包む神秘主義が非常に大きな役割を演じた。その結果、完全な敗戦に終わり、無条件降伏の他なくなった。そして物資を使い尽くし、文化を破壊し、国民を極度の窮乏に追い込み、社会を混乱に陥れた。物質的にはまさに破産の状態であり、精神的には全く虚脱の状態になった、と。[17]

横田は、続いて東京帝大教授の美濃部達吉や佐々木の、それは天皇制そのものの罪ではなく、天皇制をめぐる機構とその運用の罪であるとの擁護論を批判する。

美濃部や佐々木の主張の中心は、天皇への協力機関が協力の方法を誤ったことによるものであり、天皇が統治権を総攬していた結果ではない。従って、天皇の統治権総攬を廃止するのではなく、天皇への協力機関をその機構と協力の在り方をも含めて徹底的に改革すればよいというものである。

横田は、それを認めるにやぶさかではないが、問題がそれだけに留まるとは思えなかった。

仮に協力機関の協力方法が誤っていたとしても、天皇がしっかりしていれば協力機構を抑えて正当な決定を行い、正当な行動を取ることが出来たはずであると考える。従って、一旦政府が決定し、国策として奏上した時には、仮に天皇としては反対であっても、それを許可すること、すなわち裁可が伝統であったという主張に対して、天皇の裁可があって初めて国策が実行に移されるわけであるから、結局はその伝統に従って裁可することを適当と見做したからに他ならない。従って天皇に責任がなく、協力機関だけに責任があるとする見方は正当でないと考える。同時に、天皇が責任を負わないことは、君主主義として当然であるとの見方に対して、一般に君主が神聖であり、不可侵であって、一切の責任を負わないということは、神権理論と封建思想の産物に他ならない。このような産物は、二〇世紀の現代では清算したいと考える。(18)

次に戦後の新憲法下における天皇制について、横田は二つの姿勢を示す。

ひとつは、純粋理論的に民主主義と天皇制は一致しないと考えることである。天皇が政治上で望ましい機能を果たすということには、十分な根拠がない。それらを総合してみれば、天皇制を維持する理由がない。少なくとも純粋かつ理論的には、そうである。新憲法を採用し、十分な民主主義を確立し、新しい基礎の上に、これから合理的な政治を建設しようとする日本にとっては特にそうである。以上のように述べるところが物語るように、これは、横田にとっての理想であり、本心である。(19)

もう一つの姿勢は、日本国憲法が一九四六（昭和二一）年一一月三日に公布され、翌四七年五月三日に施行されるという現実を受けて、同憲法のうちの天皇制に関する規定を再検討し、修正が必要な点には手を加え、戦前までの天皇制とは断絶し、戦前とは異なる新たな天皇制と民主主義の両立を図るというものである。それは、換言すれば天皇が政治に一切関係することがないように日本国憲法を再検討し、必要に応じて修正を加える必要があるというものである。これは、現実を見据えての妥協ともいえるが、横田の現実に即応して対処しようとするある意味で柔軟な現実主義的姿勢に沿うものともいえる。加えて第二次世界大戦の惨禍を経て天皇制が横田の理想とする廃止とまではいかないものの、大きく改善されたと評価した上でのことであったと考えられる。

そのことは、以下の修正を求める見解の中に反映されている。まず同憲法の第一条に関しては、天皇を日本の国家と国民統合の象徴とすることは差し支えなく、天皇の地位が主権の存する日本国民の総意に基づくことは、誠に適当な規定である。それによって、国民が主権者であることも、国民の意志によって天皇の地位を変更する、あるいは廃止することが可能なこともはっきり示されていると評価する。第二条の皇位を世襲とすることは、天皇制を認める限りは、やむを得ないと受け入れる。皇室典範を国会が議決することは、そうあるべきことであると評価する。第三条については、一部の修正を求める。それは、「天皇の国事行為に関するすべての行為には、内閣の助言と承認を必要とし」について、それでは、内閣の助言があった場合に、天皇が必ずそれを行わなくてはならないということが明白でないとみ、「天皇の国事に関するすべての行為は、内閣の助言と承認に従って行うことを要し」とすることを提案する。天皇の国事行為、権能、国事行為の委任（臨時代行）に関する第四条については修正を要する点がないという。第五条は「摂政」に関する規定であるが、摂政という言葉が不適当であるという。理由は、摂政とは、政治を行うという意味である。天皇は、政治に関係しないのであるから、その代理をする摂政に至ってはなおさらのことである。従って、摂政を「天皇代理」とでもするのが適当であろうという。

以上に比べ、第六条と第七条には問題が多いという。まず第六条については、第一に「天皇は、国会の指名に基づいて内閣総理大臣を任命する」とあるが、この場合には「任命する」が適当ではないという。理由は、内閣総理大臣を指名するのは国会である。それによって、内閣総理大臣が決定される。天皇は、単に任命の儀式を行うに過ぎない。天皇が任命するというと、天皇の任命によって内閣総理大臣が決定するような印象を与えてしまう。天皇は一切の政治と権力から絶縁されていることを、いかなる場合にも明確にしておく必要があるからであるという。第二に、最高裁判所の長官についても同様に天皇が任命するとあるが、そうではなく天皇が任命の式を行うと修正すべきであるという。第三に、内閣総理大臣や最高裁判所長官の任命の式についても内閣の助言（内閣総理大臣の場合には前の内閣の助言と承認による）に基づいて行われなくてはならない。さらに第六条には「内閣の助言と承認により」を付加すべきであるという。第六条に関する右の点について、横田はあくまでも現在の規定を概ね認めたうえで、誤解を招くおそれのある点を修正したものであるという。しかし、第六条をまったく除いてしまうことの方がより望ましいともいう。それは、内閣総理大臣が国会によって指名されるのであるから、天皇による任命式は本来必要なく、また誤解を招きやすい。そういう意味から、第六条はすべて除くことが適当であるという。

次に第七条に関しては、第三号の「衆議院を解散すること」という規定を除く必要があるという。理由は、衆議院の解散は最も重大な政治的行為である。それを天皇の権能のうちにおくことは、なんとなく天皇が解散を行うとの印象を与えることになる。それを避ける意味でも適当でないと考えることによる。続いて第五号の官吏の任免並びに全権委任状及び大使及び公使の信任状の認証、第六号の大赦、特赦などの執行の免除及び復権の認証、第八号の批准書及び外交文書の認証といった「認証」という言葉が適当でないという。理由は、認証という言葉が普通の意味で用いられず、かつまたその意義が明確でないからであるという。そして「認証」ではなく「証明」といった言葉を用いるべきであるという。但し、それは第六条と同様に、あくまでも現在の規定を概ね認めたうえでのことであり、もっと根本的な規定の修正が望ましいと考える。この場合の望ましい根本的修正とは、第一号から第六号までと第八号、もしくは少なくとも第三号から第六号までを除くことであると考える。それらは、政治に関係することであり、どのような意味においても天皇は政治に関与しないことを明確にしておくことが是非とも必要であると考えることによる。最後に、第八条については、皇室の財産に関することで、国会の議決によるべきことと規定している。これは正当なことで、特に問題になる点はないという[20]。

横田は、以上の修正によって天皇制を維持しても、それによる弊害が起ることは恐らくない。とりわけ政治上で望ましくない結果を生むことがないと考えた。現実には、横田の修正を求める見解がすべて実現したわけではない。とはいえ、戦前の大日本帝国憲法下の天皇制と戦後の日本国憲法下の天皇制を切り離し、戦前と戦後の天皇制を異なるものとすること、天皇と政治を切り離し、天皇の国事行為を厳しく儀礼に限ること、あくまでも国民主権を維持することは、純粋かつ理論的には民主主義と天皇制が相容れないと考える横田にとって天皇制と民主主義の並立を受け入れるに足るものであった。以上により、横田なりの妥協を図ることが出来たといえる。

戦後直後の天皇制に関する世論調査結果によれば、国民の大多数が天皇制を支持していた[21]。とすれば、横田としても「主権の存する国民の総意」を尊重しなければならないことになる。

そのことが、横田に右のような修正のもとに天皇制を受け入れさせることに繋がったと考えられる。

仮説ではあるが、横田が強く望んだように、天皇制を廃し、大統領が統合の象徴を兼ねる大統領制ではなく、明治以降の歴史と実績を有する議院内閣制度が実現した場合、果たして「元首」を抱かず、首相が最高の地位にある議会制民主主義が戦後の日本において安定的に機能し得たであろうか。それには、疑問が残る。政変、すなわち政権政党の交替や内閣の辞職の度に政治的不安定が生ずることは当然予測される。また天皇は日本文化の一翼を担っており、国民の天皇制支持率も圧倒的に高く、今もそれを維持しているほどである。従って、元首としての天皇制の復活を求める世論が紆余曲折を経ながらも次第に高まることは当然あり得たと考えられる。そのように考える時、横田の天皇制を廃する形の議会制民主主義が日本に根付いたか否かについては、留保せざるを得ない。

そういう意味で、横田の本来の考えとは異なるが、横田が重視し、日本国憲法のなかでうたわれる国民主権と象徴天皇は、本憲法の制作者が恐らく意図した以上に日本の統治システムを安定的に機能させる上で絶妙な組み合わせであり、一種芸術的であるとさえいえる。であるからこそ、戦後この組み合わせは格別の問題に直面することなく安定的に機能し、また国民の広い支持を得て来たといえる。それには、昭和天皇が戦後常に国民に寄り添う姿勢を貫き、それによって望ましい象徴天皇の在り方の道筋をつけたこと、昭和天皇を後継した現天皇がそれを踏襲し、象徴天皇としての在り方に疑問を抱かせるようなことなく、国民の信頼と支持を確固たるものにしたことが欠かせなかったといえる。さらに言えば、両天皇を支えた皇后の果たした役割も大きかった。

ところで、これまでにみた横田の天皇制批判は左翼的立場からの批判ではなく、自由主義的立場から、戦後の日本においてより純粋な民主主義を実現しようと理性的、客観的立場から研究した成果に基づくものであった。それは、横田が極東国際軍事裁判を肯定した事例と基本的に同じ姿勢に基づくものといえる。

そういう意味で横田が天皇制を否定的にとらえ、議論の多い極東国際軍事裁判を肯定したことが保守論客の反感を買った、あるいは逆鱗に触れたことはやむを得ないとしても、左翼としての横田への批判や非難は当たらないであろう。その場合によく引き合いに出される蠟山の提唱で始められたベルリン社会科学研究会をめぐる問題にしても、加藤哲郎氏の考察によれば、横田はマルクス主義の読書会に参加しなかった。それどころか、横田は蠟山とともに、東京帝大助教授で社会衛生学を創設し、ドイツにおいて日本人の社会主義者を集めてドイツ共産党日本支部を結成した国崎貞洞や同経済学部教授の有澤広巳らと一線を画し、ハンス・ケルゼン(Hans Kelsen)の国際法学や純粋法学の研究を進め、有澤がマルクス主義に傾倒することを苦々しく思っていた、とのことである。[22]

さらには、戦後横田が戦時国際法研究を追放することに尽力したせいで、日本の国際法研究は平時国際法に閉塞し、憲法学以上に左派的思潮に支配されることになってしまったという批判がある。それも横田が自らの研究成果に基づいて戦争の違法化と交戦権の否認によって国際法を戦時と平時に分ける必要がなくなり単に国際法とすればよいと考えたこと、さらには横田一人の力だけではなく、横田も述べていることだが、『国際法外交雑誌』は東京大学法学部の機関誌ともいえるほどに、東京大学の国際法の分野における影響力が大きかったことに基づくものと考えられる。[23]

注

（1）横田喜三郎「無条件降伏と国体」『国際法外交雑誌』一九四六年一月号、七頁参照。
（2）同右、八―一一頁参照。
（3）同右、一一―一二頁参照。
（4）同右、一四頁。
（5）同右、一四―一五頁参照。
（6）同右、一五―一六頁参照。
（7）同右、一六―一七頁参照。
（8）同右、一七頁参照。

（9）同右、一七―一八頁参照。
（10）横田喜三郎、『天皇制』労働社、一九四九年、二四二頁参照。
（11）横田耕一「制憲前後の天皇像――象徴天皇制の解釈における〝連続性〟と〝断絶性〟序説」『法政研究』第四五巻一号、一九七八年、五七―六四頁参照。
（12）横田、前掲『天皇制』二四二―二四四頁参照。
（13）同右、二四九―二五一頁参照。
（14）同右、二五一―二五三頁参照。
（15）同右、二五四―二五六頁参照。
（16）同右、二五七頁参照。
（40）同右、二五九頁参照。
（17）同右、二六〇―二六二頁参照。
（18）同右、二六二―二六五頁参照。
（19）戦後の昭和天皇と現天皇は、それをよくわきまえて行動し、象徴としての役割を果たし、国民の信頼と支持を得ているとみられる。
（20）横田、前掲『天皇制』二七六―二八四頁参照。天皇が政治に関係しないように改革することを横田が重要視していたことは、新憲法下の天皇制に関する横田の修正の提案を通じても理解出来る。それとは別の意味で、天皇自身にとっても非常に意義あることがある。それは、二〇一七年七月にイギリスの公文書館が機密扱い解除をした駐日イギリス大使ジョン・ホワイトヘッド（John Whitehead）がマーガレット・H・サッチャー（Margaret H. Thatcher）政権の外相ジェフリー・ハウ（Geoffrey Howe）に宛てた報告書がその一端を物語る。そのなかで、ホワイトヘッドは若き日の昭和天皇が性格的に天皇を務めるのに向いていなかった。内省的で、練兵場よりも科学実験室にいる方が向いていた。将来の軍最高司令官として軍事教育を受けたが、ほとんど熱意を示さなかったようだと述べている。それが示唆することは、次のことではないであろうか。万世一系の血統に生まれた結果、皇太子は天皇になる宿命を負うことになる。だが、皇太子個人にも性格や個性からして天皇を後継することに向き、不向きの問題が当然あり得る。それは、天皇も人間である以上やむを得ない。そこで、天皇と政治との関係を公務から完全に切り離すことによって、場合によっては天皇が抱えることもあり得るそうした問題を除くことが可能となる。従って、天皇と政治の問題を切り離すことは、天皇自身にとっても、向き不向きの問題があったとしても公務に臨む、あるいは象徴としての役割を果たしやすくなるという意味で望ましいものがある。二〇一七年七月二一日付『上毛新聞』記事参照。

(21) 升味準之輔は、敗戦の虚脱と窮乏のなかにある民衆にとって天皇制の存廃など重要な関心ではなかったと思われるが、無関心であればこそ大多数は、天皇制支持であったろうと考察する。そして一九四六年一二月に約九五%が天皇制支持という調査があったことを紹介している。あわせて米国戦略爆撃調査団が一九四五年一〇月から一二月にかけて行った日本人約五〇〇〇人に対する面接調査結果(天皇の「在位を望む」が六二%、「退位させる」が三%)を紹介する。本調査結果によれば、「どちらでもよい」三五%を肯定的に捉えるならば、面接調査を受けた九七%が天皇制支持ということが出来る。『戦後政治』上、東京大学出版会、一九八三年、一一六頁参照。また横田耕一氏は、前掲論文の「小括」のなかで、国民のほとんどは(というより九九・九%)が戦後の天皇制度が変化したことを意識しつつも、天皇に対しては従来のように特殊の感情を抱いていると述べる(六二―六三頁参照)。いずれをみても、世論が天皇制を圧倒的に支持していたことがわかる。

(22) 加藤哲郎「ワイマール末期在独日本人のベルリン社会科学研究会」『大原社会問題研究所雑誌』一九九六年一〇月号所収及び『ワイマール期ベルリンの日本人――洋行知識人の反帝ネットワーク』岩波書店、二〇〇八年、六八―七〇頁他参照。

(23) このことが一九五六年の神川彦松、田中直吉氏らによる日本国際政治学会設立の大きな要因となった。なお大畑篤四郎は、本問題をめぐって国際法学会が国際法学者中心であり、日本政治学会も国際関係の報告や国際関係研究者の結集も十分でなく、アジア政経学会はアジア研究が中心である。そうした事情から、神川彦松の提唱に田中直吉が積極的に呼応し、協力するようになってから、国際政治と外交史を柱とする日本国際政治学会が創設されたと述べている。「日本国際政治学会三〇年の歩み」、日本国際政治学会編『平和と安全——日本の選択』一九八六年、有斐閣、一六八頁参照。

あとがき

一九三一（昭和六）年、中村草田男は「降る雪や明治は遠くなりにけり」（句集『長子』所収）と詠んだ。その年は、明治から大正へと改元した一九一二（明治四五、大正元）年から数えて一九年目に当る。翻って本年（平成三〇年）は昭和から平成へと改元してちょうど三〇年目に当たり、来年五月には新しい元号に変わろうとしている。昭和時代は、一九二六（大正一五、昭和元）年から一九八九（昭和六四、平成元）年までの六三年の長期にわたる。また戦後期だけに限っても四四年と草田男が詠んだ一九年を二倍以上の歳月を数える。それに平成の三〇年を加えると、戦後から数えて今日までで七三年となる。それこそ「昭和は遠くなりにけり」の感が強い。それもあってか、昨今昭和特集が新聞、雑誌、テレビ番組等で様々な角度や視点から組まれ、興味、関心を呼んでいる。昭和グッズもレトロな商品として懐かしさを感じさせ、人気がある。

このような長い時間の流れを考えると、日本国憲法が硬性憲法といわれる所以でもあるが、一度も改正されることなく今日に至っていることが示すように、戦後体制は大きく変容していないことがわかる。それは、戦後日本の体制の安定性を物語るものである。だが内外の環境の変容を考える時には、次第に戦後体制に矛盾や歪みが生じ、その見直しを迫られることも避けられない。

右の見直しという大きな課題の一つに、賛否は別にしても憲法改正や日本の安保体制の見直しがあることに異論のある者は少ないであろう。

もう一つの問題として、私たちの歴史感覚が総じて希薄になっているようにも思われる。例えば、戦前昭和期の日本が軍事的発展主義に走ったこと、米国や中国などと戦ったこと、戦後はその反省の上に平和的発展主義に基づいて今日に至っていること、その基底には経済復興から経済大国を目指す経済中心主義と憲法の前文や第九条に示される平和主義と専守防衛の姿勢があり、それを補うものとしての国連の安全保障理事会と日米安保体制があったことなどの記憶さえ薄くなりつつある。さらに憲法第九条も降って湧いたという性格のものではないこと、人類が二つの世界大戦において戦争の大規模化、長期化、筆舌に尽くせぬ戦禍の拡大と被害の深刻化を経験するなかで育んできた戦争の防止を目的とする戦争の違法化の流れに沿ったものであることも忘れられようとしているようである。

しかし、現実に目を向けると、さながら終わりのない永遠の課題のように延々と自衛隊の合憲論や違憲論、戦力や交戦権をめぐる安保防衛論議が交わされてきた。そのなかでは、「それは戦力か否か」、「それは交戦権に抵触しないのか」といった不毛の議論を繰り返し、政府はその都度憲法第九条や自衛力をめぐる解釈を変更する形でその場を凌いできた。確かに解釈の変更もその時々の事情や見方次第では賢い、あるいはやむを得ない便法であったといえなくもない。だが、今や政府は、自ら重ねてきた解釈の変更に自縛されているといっても過言でない。国連の平和維持活動にしても「非戦闘地域」という霞が関周辺でしか通用しない曖昧かつ苦し紛れの理由を根拠に掲げ、装備不十分な自衛隊を海外派遣せざるを得ない状況にある。それでは、派遣される自衛隊員の任務があまりに危険であり、国民にしても自衛隊員に国際貢献を十分果たすように期待するにはむごいものがある。

冷戦終焉後の今日、自衛隊違憲論、専守防衛の意味や自衛隊の装備の在り方、非戦闘地域の問題など国の存立にかかわる問題を言葉の遊びの具のように弄び、つねに曖昧さを残し、しかもそれを積み重ねるようなこれまでの「流儀」は、国際社会からの理解を得られにくいという意味も含めて、改める必要がある。そして国内ばかりでなく国際社会からも平和国家日本の意図や姿勢が正確に理解され共感を得られるように、従来の曖昧さを廃することを強く意図しつつ戦後体制を見直すこと、そのなかでもとりわけ大きな比重を占める憲法改正や日本の安全保障体制再構築の課題解決に取り組む必要がある。

それらの具体的作業を通じて、日本人が自らの手で自らのよって立つ国の在り方、進路そして国際社会における日本の立ち位置についての国民的合意を形成しなければならない。そのために横田喜三郎は示唆を与え得ると考える。また本書がその一助となり、ささやかにせよ貢献するところがあるとすれば、望外の幸いである。

出版業界は、遺憾ながら出版暗黒時代といわれて久しい。そんな困難な状況にもかかわらず、本書の刊行を快く引き受けてくださった藤原書店藤原良雄社長、編集の労を取ってくださった刈屋琢氏に心からお礼を申し上げたい。

最後に、本書を亡母片桐あや子の霊に捧げたい。

二〇一八年　盛夏

著者

参考資料

（本書と直接関連する部分を抜粋掲載した）

国際連盟規約

（外務省編纂『日本外交年表竝主要文書　上』原書房、一九六五年をもとに編集。）

締約国ハ
戦争ニ訴ヘザルノ義務ヲ受諾シ
各国間ニ於ケル公明正大ナル関係ヲ規律シ
各国政府間ノ行為ヲ律スル現実ノ基準トシテ国際法ノ原則ヲ確立シ
組織アル人民ノ相互ノ交渉ニ於テ正義ヲ保持シ且厳ニ一切ノ条約上ノ義務ヲ尊重シ
以テ国際協力ヲ促進シ、且各国間ノ平和安寧ヲ完成セムカ為茲ニ国際連盟規約ヲ協定ス

第十一条　戦争又ハ戦争ノ脅威ハ連盟国ノ何レカニ直接ノ影響アルト否トヲ問ハス総テ連盟全体ノ利害関係事項タルコトヲ茲ニ声明ス仍テ連盟ハ国際ノ平和ヲ擁護スル為適当且有効ト認ムル措置ヲ執ルヘキモノトス此ノ種ノ事変発生シタルトキハ事務総長ハ何レカノ連盟国ノ請求ニ基キ直ニ連盟理事会ノ会議ヲ招集スヘシ

第十二条　連盟国ハ連盟国間ニ国交断絶ニ至ルノ虞アル紛争発生スルトキハ当該事件ヲ仲裁裁判若ハ司法的解決又ハ連盟理事会ノ審査ニ付スヘク且仲裁裁判官ノ判決若ハ司法裁判ノ判決後又ハ連盟理事会ノ報告後三月ヲ経過スル迄如何ナル場合ニ於テモ戦争ニ訴ヘサルコトヲ約ス

第十三条　連盟国ハ連盟国間ニ仲裁裁判又ハ司法的解決ニ付シ得ト認ムル紛争ヲ生シ其ノ紛争カ外交手段ニ依リテ満足ナル解決ヲ得ルコト能ハサルトキハ当該事件全部ヲ仲裁裁判又ハ司法的解決ニ付スヘキコトヲ約ス

連盟国ハ一切ノ判決ヲ誠実ニ履行スヘク且判決ニ服スル連盟国ニ対シテハ戦争ニ訴ヘサルコトヲ約ス判決ヲ履行セサルモノアルトキハ連盟理事会ハ其ノ履行ヲ期スル為必要ナル処置ヲ提議スヘシ

第十五条　連盟国間ニ国交断絶ニ至ルノ虞アル紛争発生シ第十三条ニ依ル仲裁裁判又ハ司法的解決ニ付セラレサルトキハ連盟国ハ当該事件ヲ連盟理事会ニ付託スヘキコトヲ約ス何レノ紛争当事国モ紛争ノ存在ヲ事務総長ニ通告シ以テ前記ノ付託ヲ為スコトヲ得事務総長ハ之カ充分ナル取調及審理ニ必要ナル一切ノ準備ヲ為スモノトス

紛争解決ニ至ラサルトキハ連盟理事会ハ全会一致又ハ過半数ノ表決ニ基キ当該紛争ノ事実ヲ述ヘ公正且適当ト認ムル勧告ヲ載セタル報告書ヲ作成シ之ヲ公表スヘシ

連盟理事会ノ報告書カ紛争当事国ノ代表者ヲ除キ他ノ連盟理事会員全部ノ同意ヲ得タルモノナルトキハ連盟国ハ該報告書ノ勧告ニ応スル紛争当事国ニ対シ戦争ニ訴ヘサルヘキコトヲ約ス

第十六条　第十二条、第十三条又ハ第十五条ニ以ル約束ヲ無視シテ戦争ニ訴ヘタル連盟国ハ当然他ノ総テノ連盟国ニ対シ戦争行為ヲ為シタルモノト看做ス他ノ総テノ連盟国ハ之ニ対シ直ニ一切ノ通商上又ハ金融上ノ関係ヲ断絶シ自国民ト違約国国民トノ一切ノ交通ヲ禁止シ且連盟国タルト否トヲ問ハス他ノ総テノ国ノ国民ト違約国国民トノ間ノ一切ノ金融上通商上又ハ個人的交通ヲ防遏スヘキコトヲ約ス

第十七条　連盟国ト非連盟国トノ間又ハ非連盟国相互ノ間ニ紛争ヲ生シタルトキハ此ノ種紛争解決ノ為連盟国ノ負フヘキ義務ヲ該非連盟国カ連盟理事会ノ正当ト認ムル条件ヲ以テ受諾スルコトヲ之ニ勧誘スヘシ勧誘ノ受諾アリタル場合ニ於テハ第十二条乃至第十六条ノ規定ハ連盟理事会ニ於テ必要ト認ムル修正ヲ加ヘテ之ヲ適用ス

第二十一条　本規約ハ仲裁裁判条約ノ如キ国際約定又ハ「モンロー」主義ノ如キ一定ノ地域ニ関スル了解ニシテ平和ノ確保ヲ目的トスルモノノ効力ニ何等ノ影響ナキモノトス

戦争放棄ニ関スル条約

（一九二八年八月二七日にパリにて締結されたいわゆる不戦条約。『日本外交年表竝主要文書　下』原書房、一九六五年をもとに編集。）

第一条　締約国ハ国際紛争解決ノ為戦争ニ訴フルコトヲ非トシ且其ノ相互関係ニ於テ国家ノ政策ノ手段トシテノ戦争ヲ抛棄スルコトヲ其ノ各自ノ人民ノ名ニ於テ厳粛ニ宣言ス

第二条　締約国ハ相互間ニ起ルコトアルヘキ一切ノ紛争又ハ紛議ハ其ノ性質又ハ起因ノ如何ヲ問ハス平和的手段ニ依ルノ外之カ処理又ハ解決ヲ求メサルコトヲ約ス

戦争防止手段ノ助長ニ関スル一般条約

（一九三一年九月二六日にジュネーブの国際連盟において成立した。邦訳は松田道一の仮訳。松田道一監修『国際平和関係条約集』外交時報社、一九三二年をもとに編集。）

第一条　締約国ハ其ノ相互間ニ紛争発生シ、国際連盟理事会カ右紛争ヲ付託セラレタル場合ニ於テハ理事会カ其ノ国際連盟規約ニヨリ有スル権限ニ従ヒテ行動シ紛争ノ悪化ヲ阻止スル為勧告シ得ヘキ非軍事的保全措置ニシテ右紛争ノ本体ニ関スルモノヲ受諾シ且履行スルコトヲ約ス

第二条　理事会ノ意見ニ依リ本条約ノ加入国タル紛争国間ニ戦争状態ヲ為ササル事態ニ於テ右紛争国中ノ一方ノ兵力カ他ノ一方ノ地域若クハ領海又ハ国際協定ニ依リ武装ヲ解除セラレタル地帯ニ侵入シタルカ又ハ之ヲ飛翔スルトキハ理事会ハ右兵力ノ撤退ヲ確保スル為ノ措置ヲ命スルコトヲ得

第三条　第二条所定ノ事態カ発生シタルトキ又ハ戦争ノ脅威アル場合ニ於テ特殊ノ条件特ニ紛争当事国ノ兵力間ノ接触ノ可能性カ必要トスルトキハ理事会ハ陸上、海上又ハ空中兵力ニヨリ且必要アル限リ事件ヲ避クル為民間航空機ニヨリ越エラレサルヘキ境界ヲ決定スルコトヲ得

第四条　理事会カ有益ト認ムルトキ又ハ理事会カ第二条及第三条所定ノ決定ノ一ヲ為スニ先チ紛争当事国ノ一方カ要求スルトキハ理事会ハ第二条及第三条ニ掲ケラルル条件ニ於テ理事会ニヨリ勧告セラレタル軍事的保全措置ノ実行ヲ現地ニ於テ検証スルコトヲ専ラ委託セラレタル委員ヲ任命スヘシ

第五条　第二条及第三条ニ定メラルル措置ノ違犯カ理事会ニヨリ検証セラレ且理事会ノ命令ニモ拘ラス持続セラルルトキハ理事会ハ本条約ノ実施ヲ確保スル為一切ノ手段ヲ具申スヘシ

右違犯ニ引続キ戦争勃発セルトキハ締約国ハ右違犯ヲ以テ有責当事国カ規約第十六条ノ意味ニ於ケル戦争ニ訴ヘタリトスル推定ヲ許スモノト認ムヘシ

第六条　締約国ハ理事会カ本条約ニ予定セラルル場合ニ於テ事件ノ附託ヲ受ケタルトキ右理事会カ其ノ討議、決定及勧告ニ付為スヘシト信スル公表ヲ締約国ノ有スル手段ニヨリ確実ナラシムルコトヲ約ス

第七条　第一条、第二条、第三条、第四条、第五条及第六条所定ノ場合ニ於テ且右諸条中ノ反対ノ記載ヲ除キ理事会ノ決定及勧告カ紛争当事国ノ代表者ヲ除キ全会一致ノ同意ヲ得タルモノナルトキハ右決定及勧告ハ本条約ノ目的ノ為義務的ナルヘシ

国際連合憲章

（山下友信、山口厚編集代表、『六法全書　平成29年版　I』有斐閣、二〇一七年をもとに編集。）

われら連合国の人民は、
われらの一生のうちに二度まで言語に絶する悲哀を人類に与えた戦争の惨害から将来の世代を救い、
基本的人権と人間の尊厳及び価値と男女及び大小各国の同権とに関する信念をあらためて確認し、
正義と条約その他の国際法の源泉から生ずる義務の尊重とを維持することができる条件を確立し、
一層大きな自由の中で社会的進歩と生活水準の向上とを促進すること
並びに、このために、
寛容を実行し、且つ、善良な隣人として互いに平和に生活し、
国際の平和及び安全を維持するためにわれらの力を合わせ、
共同の利益の場合を除く外は武力を用いないことを原則の受諾と方法の設定によって確保し、
すべての人民の経済的及び社会的発達を促進するために国際機構を用いることを決意して、
これらの目的を達成するために、われらの努力を結集することに決定した。

よって、われらの各自の政府は、サン・フランシスコ市に会合し、全権委任状を示してそれが妥当であることを認められた代表者を通じて、この国際連合憲章に同意したので、ここに国際連合という国際機

構を設ける。

第一章　目的及び原則

第一条

国際連合の目的は、次のとおりである。

一、国際の平和及び安全を維持すること。そのために、平和に対する脅威の防止及び除去と侵略行為その他の平和の破壊の鎮圧とのため有効な集団的措置をとること並びに平和を破壊するに至る処のある国際的の紛争又は事態の調整又は解決を平和的手段によって且つ正義及び国際法の原則に従って実現すること。

二、人民の同権及び自決の原則の尊重に基礎をおく諸国間の友好関係を発展させること並びに世界平和を強化するために他の適当な措置をとること。

三、経済的、社会的、文化的又は人道的性質を有する国際問題を解決することについて、並びに人種、性、言語又は宗教による差別なくすべての者のために人権及び基本的自由を尊重するように助長奨励することについて、国際協力を達成すること。

四、これらの共通の目的達成に当たつて諸国の行動を調整するための中心となること。

第二条

この機構及びその加盟国は、第一条に掲げる目的を達成するに当つては、次の原則に従つて行動しなければならない。

三、すべての加盟国は、その国際紛争を平和的手段によって国際の平和及び安全並びに正義を危うくしないように解決しなければならない。

四、すべての加盟国は、その国際関係において、武力による威嚇又は武力の行使を、いかなる国の領土保全又は政治的独立に対するものも、また、国際連合の目的と両立しない他のいかなる方法によるものも慎まなければならない。

五、すべての加盟国は、国際連合がこの憲章に従ってとるいかなる行動についても国際連合にあらゆる援助を与え、且つ、国際連合の防止行動又は強制行動の対象となっているいかなる国に対しても援助の供与を慎まなければならない。

六、この機構は、国際連合加盟国ではない国が、国際の平和及び安全の維持に必要な限り、これらの原則に従って行動することを確保しなければならない。

第四十三条

一、国際の平和及び安全維持に貢献するため、すべての国際連合加盟国は、安全保障理事国の要請に基き且つ一又は二以上の特別協定に従って、国際の平和及び安全の維持に必要な兵力、援助及び便益を安全保障理事会に利用させることを約束する。この便益には、通過の権利が含まれる。

二、前記の協定は、兵力の数及び種類、その出動準備程度及び一般的配置並びに提供されるべき便益及び援助の性質を規定する。

第五十一条

この憲章のいかなる規定も、国際連合加盟国に対して武力攻撃が発生した場合には、安全保障理事会が国際の平和及び安全の維持に必要な措置をとるまでの間、個別的又は集団的自衛の固有の権利を害するものではない。この自衛権の行使に当って加盟国がとった措置は、直ちに安全保障理事会に報告しなければならない。また、この措置は、安全保障理事会が国際の平和及び安全の維持又は回復のために必要と認める行動をいつでもとるこの憲章に基く機能及び責任に対しては、いかなる影響も及ぼすものではない。

第五十二条

一、この憲章のいかなる規定も、国際の平和及び安全の維持に関する事項で地域的行動に適当なものを処理するための地域的取極又は地域的機関が存在することを妨げるものではない。但し、この取極又は機関及びその行動が国際連合の目的及び原則と一致することを条件とする。

日本国憲法

（出典、編集等は、右憲章の場合と同じ。）

日本国民は、正当に選挙された国会における代表者を通じて行動し、われらとわれらの子孫のために、諸国民との協和による成果と、わが国全土にわたつて自由のもたらす恵沢を確保し、政府の行為によつて再び戦争の惨禍が起ることのないやうにすることを決意し、ここに主権が国民に存することを宣言し、この憲法を確定する。そもそも国政は、国民の厳粛な信託によるものであつて、その権威は国民に由来し、その権力は国民の代表者がこれを行使し、その福利は国民がこれを享受する。これは人類普遍の原理であり、この憲法は、かかる原理に基くものである。われらは、これに反する一切の憲法、法令及び詔勅を排除する。

日本国民は、恒久の平和を念願し、人間相互の関係を支配する崇高な理想を深く自覚するのであつて、平和を愛する諸国民の公正と信義に信頼して、われらの安全と生存を保持しようと決意した。われらは、平和を維持し、専制と隷従、圧迫と偏狭を地上から永遠に除去しようと努めてゐる国際社会において、名誉ある地位を占めたいと思ふ。われらは、全世界の国民が、ひとしく恐怖と欠乏から免かれ、平和のうちに生存する権利を有することを確認する。

われらは、いづれの国家も、自国のことのみに専念して他国を無視してはならないのであつて、政治道徳の法則は、普遍的なものであり、この法則に従ふことは、自国の主権を維持し、他国と対等関係に立たうとする各国の責務であると信ずる。

日本国民は、国家の名誉にかけ、全力をあげてこの崇高な理想と目的を達成することを誓ふ。

第一章　天皇

第一条【天皇の地位・国民主権】　天皇は、日本国の象徴であり日本国民統合の象徴であつて、この地位は、主権の存する日本国民の総意に基く。

第二条【皇位の継承】 皇位は、世襲のものであつて、国会の議決した皇室典範の定めるところにより、これを継承する。

第三条【天皇の国事行為に対する内閣の助言と承認】 天皇の国事行為に関するすべての行為には、内閣の助言と承認を必要とし、内閣が、その責任を負ふ。

第四条【天皇の権能の限界、天皇の国事行為の委任】 ① 天皇は、この憲法の定める国事に関する行為のみを行ひ、国政に関する権能を有しない。

② 天皇は、法律の定めるところにより、その国事に関する行為を委任することができる。

第五条【摂政】 皇室典範の定めるところにより摂政を置くときは、摂政は、天皇の名でその国事行為を行ふ。この場合には、前条第一項の規定を準用する。

第六条【天皇の任命権】 ① 天皇は、国会の指名に基いて、内閣総理大臣を任命する。

② 天皇は、内閣の指名に基いて、最高裁判所の長たる裁判官を任命する。

第七条【天皇の国事行為】 天皇は、内閣の助言と承認により、国民のために、左の国事に関する行為を行ふ。

一　憲法改正、法律、政令及び条約を公布すること。
二　国会を召集すること。
三　衆議院を解散すること。
四　国会議員の総選挙の施行を公示すること。
五　国務大臣及び法律の定めるその他の官吏の任免並びに全権委任状及び大使及び公使の信任状を認証すること。
六　大赦、特赦、減刑、刑の執行の免除及び復権を認証すること。
七　栄典を授与すること。
八　批准書及び法律の定めるその他の外交文書を認証すること。
九　外国の大使及び公使を接受すること。
十　儀式を行ふこと。

第二章　戦争の放棄

第九条【戦争の放棄、戦力及び交戦権の否認】　①　日本国民は、正義と秩序を基調とする国際平和を誠実に希求し、国権の発動たる戦争と、武力による威嚇又は武力の行使は、国際紛争を解決する手段としては、永久にこれを放棄する。
②　前項の目的を達するため、陸海空軍その他の戦力は、これを保持しない。国の交戦権は、これを認めない。

サンフランシスコ平和条約

（講和条約ともいわれる。斉藤眞、永井陽之助、山本真編『戦後資料日米関係』日本評論社、一九七〇年をもとに編集。）

昭和二十六年九月八日サン・フランシスコ市で署名
昭和二十七年四月二十八日公布

第三章　安全

第五条

(a)　日本国は、国際連合憲章第二条に掲げる義務、特に次の義務を受諾する。

(1)その国際紛争を、平和的手段によつて国際の平和及び安全並びに正義を危うくしないように解決すること。

(2)その国際関係において、武力による威嚇又は武力の行使は、いかなる国の領土保全又は政治的独立に対するものも、また、国際連合の目的と両立しない他のいかなる方法によるものも慎むこと。

(3)国際連合が憲章に従つてとるいかなる行動についても国際連合にあらゆる援助を与え、且つ、国際連合が防止行動又は強制行動をとるいかなる国に対しても援助の供与を慎むこと。

(b)　連合国は、日本国との関係において国際連合憲章第二条の原則を指針とすべきことを確認する。

(c) 連合国としては、日本国が主権国家として国際連合憲章第五十一条に掲げる個別的又は集団的自衛の固有の権利を有すること及び日本国が集団的安全保障取極を自発的に締結することができることを承認する。

第六条

(a) 連合国のすべての占領軍は、この条約の効力発生の後なるべくすみやかに、且つ、いかなる場合にもその後九十日以内に、日本国から撤退しなければならない。但し、この規定は、一又は二以上の連合国を一方とし、日本国を他方として双方の間に締結された若しくは締結される二国間若しくは多数国間の協定に基く、又はその結果としての外国軍隊の日本国の領域における駐とん又は駐留を妨げるものではない。

日本国とアメリカ合衆国との間の安全保障条約

(いわゆる旧日米安全保障条約。出典、編集等は、右条約の場合と同じ。)

昭和二十六年九月八日サン・フランシスコ市で署名
昭和二十七年四月二八日公布

日本国は、本日連合国との平和条約に署名した。日本国は、武装を解除されているので、平和条約の効力発生の時において固有の自衛権を行使する有効な手段をもたない。

無責任な軍国主義がまだ世界から駆逐されていないので、前記の状態にある日本国には危険がある。よって、日本国は、平和条約が日本国とアメリカ合衆国の間に効力を生ずるのと同時に効力を生ずべきアメリカ合衆国との安全保障条約を希望する。

平和条約は、日本国が主権国として集団安全保障取極を締結する権利を有することを承認し、さらに、国際連合憲章は、すべての国が個別的及び集団的自衛の固有の権利を有することを承認している。

これらの権利の行使として、日本国は、その防衛のための暫定措置として、日本国に対する武力攻撃を阻止するため日本国内及びその附近にアメリカ合衆国がその軍隊を維持することを希望する。

アメリカ合衆国は、平和と安全のために、現在、若干の自国軍隊を日本国内及びその附近に維持する意思がある。但し、アメリカ合衆国は、日本国が、攻撃的な脅威となり又は国際連合憲章の目的及び原則に従って平和と安全を増進すること以外に用いられうべき軍備をもつことを常に避けつつ、直接及び間接の侵略に対する自国の防衛のため漸増的に自ら責任を負うことを期待する。

よって、両国は、次のとおり協定した。

第一条　平和条約及びこの条約の効力発生と同時に、アメリカ合衆国の陸軍、空軍及び海軍を日本国内及びその附近に配備する権利を、日本国は、許与し、アメリカ合衆国は、これを受諾する。この軍隊は、極東における国際の平和と安全の維持に寄与し、並びに、一又は二以上の外部の国による教唆又は干渉によって引き起された日本国における大規模の内乱及び騒じょうを鎮圧するため日本国政府の明示の要請に応じて与えられる援助を含めて、外部からの武力攻撃に対する日本国の安全に寄与するために使用することができる。

第二条 第一条に掲げる権利が行使される間は、日本国は、アメリカ合衆国の事前の同意なくして、基地、基地における若しくは基地に関する権利、権力若しくは権能、駐兵若しくは演習の権利又は陸軍、空軍若しくは海軍の通過の権利を第三国に許与しない。

第三条 アメリカ合衆国の軍隊の日本国内及びその附近における配備を規律する条件は、両政府間の行政協定で決定する。

第四条 この条約は、国際連合又はその他による日本区域における国際の平和と安全の維持のため充分な定をする国際連合の措置又はこれに代る個別的若しくは集団的の安全保障措置が効力を生じたと日本国及びアメリカ合衆国の政府が認めた時はいつでも効力を失うものとする。

日本国とアメリカ合衆国との間の相互協力及び安全保障条約

（いわゆる新安保条約。出典等は、右条約と同じ。）

昭和三十五年一月十九日ワシントンで署名
昭和三十五年六月十九日国会承認
昭和三十五年六月二十三日公布

日本国及びアメリカ合衆国は、
両国の間に伝統的に存在する平和及び友好の関係を強化し、並びに民主主義の諸原則、個人の自由及び法の支配を擁護することを希望し、
また、両国の間の一層緊密な経済的協力を促進し、並びにそれぞれの国における経済的安定及び福祉の条件を助長することを希望し、
国際連合憲章の目的及び原則に対する信念並びにすべての国民及びすべての政府とともに平和のうちに生きようとする願望を再確認し、
両国が国際連合憲章に定める個別的又は集団的自衛の固有の権利を有していることを確認し、
両国が極東における国際の平和及び安全の維持に共通の関心を有することを考慮し、
相互協力及び安全保障条約を締結することを決意し、
よって、次のとおり協定する。

第一条　締約国は、国際連合憲章に定めるところに従い、それぞれが関係することのある国際紛争を平和的手段によって国際の平和及び安全並びに正義を危うくしないように解決し、並びにそれぞれの国際関係において、武力による威嚇又は武力の行使を、いかなる国の領土保全又は政治的独立に対する

ものも、また、国際連合の目的と両立しない他のいかなる方法によるものも慎むことを約束する。
締約国は、他の平和愛好国と協同して、国際の平和及び安全を維持する国際連合の任務が一層効果的に遂行されるように国際連合を強化することに努力する。

第二条　締約国は、その自由な諸制度を強化することにより、これらの制度の基礎をなす原則の理解を促進することにより、並びに安定及び福祉の条件を助長することによって、平和的かつ友好的な国際関係の一層の発展に貢献する。締約国は、その国際経済政策におけるくい違いを除くことに努め、また、両国の間の経済的協力を促進する。

第三条　締約国は、個別的に及び相互に協力して、継続的かつ効果的な自助及び相互援助により、武力攻撃に抵抗するそれぞれの能力を、憲法上の規定に従うことを条件として、維持し発展させる。

第四条　締約国は、この条約の実施に関して随時協議し、また、日本国の安全又は極東における国際の平和及び安全に対する脅威が生じたときはいつでも、いずれか一方の締約国の要請により協議する。

第五条　各締約国は、日本国の施政の下にある領域における、いずれか一方に対する武力攻撃が、自国の平和及び安全を危うくするものであることを認め、自国の憲法上の規定及び手続に従って共通の危険に対処するように行動することを宣言する。
前記の武力攻撃及びその結果として執ったすべての措置は、国際連合憲章第五十一条の規定に従って直ちに国際連合安全保障理事会に報告しなければならない。その措置は、安全保障理事会が国際の平和及び安全を回復し及び維持するために必要な措置を執ったときは、終止しなければならない。

第六条 日本国の安全に寄与し、並びに極東における国際の平和及び安全の維持に寄与するため、アメリカ合衆国は、その陸軍、空軍及び海軍が日本国において施設及び区域を使用することを許される。

前記の施設及び区域の使用並びに日本国における合衆国軍隊の地位は、千九百五十二年二月二十八日に東京で署名された日本国とアメリカ合衆国との間の安全保障条約第三条に基く行政協定（改正を含む）に代わる別個の協定及び合意される他の取極により規律される。

第十条 この条約は、日本区域における国際の平和及び安全の維持のため十分な定めをする国際連合の措置が効力を生じたと日本国政府及びアメリカ合衆国政府が認める時まで効力を有する。

もっとも、この条約が十年間効力を存続した後は、いずれの締約国も、他方の締約国に対しこの条約を終了させる意思を通告することができ、その場合には、この条約は、そのような通告が行われた後一年で終了する。

主な参照雑誌及び新聞

〈雑誌〉

国際法外交雑誌、国家学会雑誌、日本管理法令研究、外交時報、外交評論、法学協会雑誌、法律時報、法曹時報、時の法令、法哲学四季報、世界、中央公論、改造、日本及日本人、政治公論、国連評論、国際時事研究、日本週報、世界文化、世界とわれら、進路、女性改造、小天地、黄峰、社会思潮、財政、経済往来、郵政、勧業労働、自警、国防、言論、青年の文化、国民、自由民主、潮、心、読売評論など。

〈新聞〉

朝日新聞、毎日新聞、読売新聞、日本経済新聞、日日新聞、第一新聞、国際タイムス、北海道新聞、北海タイムス、函館新聞、河北新報、山形新聞、新潟新聞、夕刊ニイガタ、石川新聞、信濃毎日新聞、中部日本新聞、京都新聞、大阪新聞、新大阪新聞、神戸新聞、山陽新聞、西日本新聞、高知新聞、帝国大学新聞など。

横田喜三郎年譜（1896–1993）

年号	齢	横田喜三郎　主な事項と著作	日本と世界の動向
一八九六（明治二九）	0	八月六日、農業と呉服類の行商を営む岩田藤治郎・えいの三男として、現在の愛知県江南市赤童子に誕生。	
一九〇三（明治三六）	7	尋常小学校に入学。	
一九〇四（明治三七）	8		日露戦争勃発。
一九〇九（明治四二）	13	尋常小学校を卒業。高等小学校へ進学。	
一九一一（明治四四）	15	高等小学校を卒業。卒業後、農業と呉服類の行商手伝い。	
一九一二（明治四五）	16	私立名古屋英和中学校（現、名古屋学院大学付属中学校・高等学校）二年生に編入。	
一九一四（大正三）	18		第一次世界大戦参戦。
一九一六（大正五）	20	名古屋英和中学校を卒業。第八高等学校第一部甲類（英法）に入学。在学中は常に首席。	

年号	齢	横田喜三郎　主な事項と著作	日本と世界の動向
一九一九（大正八）	22	第八高等学校を卒業。東京帝国大学法学部政治学科に入学。	ヴェルサイユ講和条約締結。
一九二〇（大正九）	24	政治学科から法律学科（独法科）に転科。	国際連盟発足。
一九二一（大正一〇）	25		ワシントン会議、四カ国条約締結。
一九二二（大正一一）	26	東京帝国大学法学部法律学科を卒業。法学部助手。指導教官は国際法の立作太郎教授。	九カ国条約締結。ワシントン海軍軍縮条約締結。
一九二四（大正一三）	28	東京帝国大学法学部助教授。	
一九二八（昭和三）	32		パリ不戦条約締結。
一九三〇（昭和五）	34	東京帝国大学法学部教授。 ロンドン海軍軍縮会議に日本政府代表団に一員として出席。	ロンドン海軍軍縮条約調印。
一九三一（昭和六）	35	太平洋問題調査会第四回大会（於、杭州・上海）に日本代表団の一員として出席。 ○「戦争の絶対的禁止――最近の連盟規約改正案」『外交時報』 ○「満州事変と国際連盟――むしろ当然の干渉」『帝国大学新聞』	柳条湖事件（満州事変）勃発。

一九三二（昭和七）	36	○「座談会　大学教授のリットン報告検討」『文藝春秋』 ○「国際裁判の歴史的研究」『国家学会雑誌』	スティムソン・ドクトリン通達。満州国建国。リットン報告書通達。
一九三三（昭和八）	37	太平洋問題調査会第五回大会（於、カナダのバンフ）に高木八尺と連名でデータ・ペーパー「太平洋の平和機構に関する若干の考察」を提出。 ○「満州事変を裁く規約第一五条」『中央公論』 ○「危機をはらむ規約一五条四項」『経済往来』 ○「連盟脱退の後に来るもの」『婦人の友』 ○「スティムソン主義と世界の大勢」『中央公論』 ○「アジア・モンロー主義批判」『中央公論』	国際連盟脱退。
一九三四（昭和九）	38	ＮＨＫラジオで「現下の世界情勢と日本の地位」と題し講演。 ○「安全保障問題」『国際法外交雑誌』 ○「国際連盟の没落？」『中央公論』 ○「スティムソン主義の国際法化」『国際法外交雑誌』	天羽声明。ワシントン海軍軍縮条約破棄通告。
一九三五（昭和一〇）	39	○「国際制裁論」『改造』	ロンドン海軍軍縮条約廃棄通告。
一九三六（昭和一一）	40	○「太平洋協議機構の提唱――軍縮会議脱退後の善後策として」『中央公論』 ○「アメリカ合衆国の中立法案」『外交時報』 ○「日独防共協定に驚く」『帝国大学新聞』	日独防共協定締結。

年号	齢	横田喜三郎　主な事項と著作	日本と世界の動向
一九三七（昭和一二）	41	○「日本の国際的地位」『改造』 ○「国際社会の原理――その理論的構成と実践的意味」『改造』 ○「九国条約会議と日本」『改造』	盧溝橋事件（日中戦争）勃発。 ローズヴェルト大統領、シカゴ隔離演説。 ブリュッセル九カ国条約会議不参加。
一九三九（昭和一四）	43	○「欧州の危機と米国の動向」『改造』 ○「米国中立法修正の意義」『外交時報』 ○「戦争と国際法」『改造』	米国、日米通商航海条約廃棄通告。 ドイツ軍、ポーランド侵攻（第二次世界大戦勃発）。
一九四〇（昭和一五）	44	○「集団的保障の再考察」『国際知識及評論』	日独伊三国同盟締結。
一九四一（昭和一六）	45		太平洋戦争勃発。
一九四二（昭和一七）	46	○「戦争と国際法」『改造』	
一九四五（昭和二〇）	49	法学博士。	連合国、国際連合憲章調印。終戦。

一九四六（昭和二一）	50	○「無条件降伏と国体」『国際法外交雑誌』 ○「世界平和の展望――国際連合の発足にあたつて」『外交評論』 ○「戦争の放棄」『国家学会雑誌』 ○「戦争の革命」『国家学会雑誌』 ○「集団的自衛の法理」『国際法外交雑誌』 ○「戦争犯罪の基本問題」『日本管理法令研究』	極東国際軍事裁判。日本国憲法公布。
一九四七（昭和二二）	51		トルーマン・ドクトリン。マーシャル・プラン発表。
一九四九（昭和二四）	53	日本学士院会員。 ○「東京判決と自衛権」『国際法外交雑誌』 ○「東京判決の解剖」『日本管理法令研究』 ○『天皇制』（労働社）	ソ連、原爆保有。中華人民共和国建国。
一九五〇（昭和二五）	54	○「国際連合と日本の安全保障」『国際法外交雑誌』 ○「自衛権の概念」『国家学会雑誌』	中ソ友好同盟条約締結。朝鮮戦争勃発。 警察予備隊創設。
一九五一（昭和二六）	55		サンフランシスコ講和条約調印。独立の回復。日米安全保障条約締結。
一九五二（昭和二七）	56	○「日本の安全保障」『国際法外交雑誌』	警察予備隊を保安隊に改編（自衛隊の発足は一九五四年）
一九五六（昭和三一）	57		日ソ共同宣言。国際連合加盟。

年号	齢	横田喜三郎　主な事項と著作	日本と世界の動向
一九五七（昭和三二）	61	東京大学退官。名誉教授。 国連国際法委員会委員。	
一九五八（昭和三三）	62	日本ユネスコ国内委員会委員。	
一九五九（昭和三四）	63	日本ユネスコ国内委員会副会長。	砂川事件判決。
一九六〇（昭和三五）	64	第三代最高裁判所長官。 ○「憲法の戦争放棄の限界——砂川事件に照らして」『国際法外交雑誌』	安保条約を改定し、日米相互協力及び安全保障条約を締結。
一九六一（昭和三六）	65	国連国際法委員会委員退任。	東独、ベルリンの壁構築。
一九六五（昭和四〇）	69		米国、ベトナム北爆開始。
一九六六（昭和四一）	70	最高裁判所長官定年退官。 勲一等旭日大綬章。	
一九七五（昭和五〇）	79	文化功労者。	
一九七六（昭和五一）	80	○『私の一生』（東京新聞出版局）	
一九七七（昭和五二）	81	勲一等旭日桐花大綬章。	

一九七八（昭和五三）	82		日中平和友好条約締結。
一九八一（昭和五六）	85	文化勲章。	
一九八七（昭和六二）	91	○『余生の余生』（有斐閣）	
一九八九（昭和六四）	93		ベルリンの壁崩壊。
一九九一（平成三）	95		湾岸戦争勃発。ソビエト連邦解体。
一九九二（平成四）	96		PKO協力法成立。
一九九三（平成五）	満96歳	二月十七日、死去。	

蓑田胸喜　54, 56
美濃部達吉　22, 219

ムッソリーニ，B.　105

最上敏樹　187
森恪　54
モンロー，J.　5, 70-9, 83-5, 92, 99, 193

ヤ　行

山岡道男　91
山川均　168
山室信一　151
山本達雄　83

油井大三郎　91
雄略天皇　217

横田耕一　213, 228-9
横田孝治郎　21
横田静子　21-2
横田のぶ　21
吉田茂　144-5, 148, 152, 166, 188

ラ　行

リッケルト，H. J.　26, 31
リットン，V. B.　5, 61-9, 92

蠟山政道　62-4, 67-9, 81, 92, 226
ローズヴェルト，F. D.　113

ワ　行

若槻泰雄　203

鈴木修二　103
スターリン, J.　107, 170
スティムソン, H. L.　68, 70, 81, 100-1, 112, 119

関戸半四郎　103

タ　行

高木八尺　80, 83-9, 93, 104
高柳賢三　56-7, 62-3, 65, 146
滝川幸辰　70
武田知弘　46
武富邦茂　102
竹中佳彦　150
立作太郎　24-5, 59
伊達秋雄　179-80, 182, 184
建川美次　54
田中耕太郎　103, 180
田中直吉　230
田畑忍　188
ダレス, J. F.　169
団琢磨　82

チャーチル, W.　130, 175
張学良　2
張作霖　2

鶴見祐輔　56

天皇（平成）　226, 228

ナ　行

中西輝政　203
中野正剛　54
那須皓　81
南原繁　144, 146

ニコライ2世　34
新渡戸稲造　55-6, 90

野坂参三　144

ハ　行

ハウ, J.　228
鳩山一郎　70
原覚天　91
原夫次郎　144

土方成美　62
ヒトラー, A.　170

福田和也　203
藤沼庄平　83, 93
船尾章子　47
ブリアン, A.　47, 131

ヘイ, J. M.　34
ベネシュ, E.　42, 196
ペリー, M.　199

穂積重遠　58
ポリティス, N.　42, 196
ホワイトヘッド, J.　228

マ　行

前田多門　56, 81
升味準之輔　229
松田道一　48
松波仁一郎　23-4
松本重治　56-7, 62, 81
マルテンス, C. de.　22

三谷太一郎　92

人名索引

本文と注から実在の人物を採り，姓・名の五十音順で配列した。頻出する横田喜三郎は省いた。

A–Z

Akami Tomoko　91
Chanberlain, J. P.　93
Holland, W.　93
Lasker, B.　93

ア 行

阿南惟幾　206
安倍晋三　200-1
有澤広巳　226

石橋正嗣　168
稲葉正夫　50, 90
井上準之助　82
岩田えい　19, 23
岩田源一　17-8
岩田藤一　17-20, 22
岩田藤治郎　17

ウイルソン，W.　4, 85, 192
上杉愼吉　22-3
上田貞次郎　62
鵜飼信成　188
内田康哉　81, 83, 93
浦松佐美太郎　81, 88, 93

大畑篤四郎　230
小野塚喜平治　108

カ 行

片桐庸夫　91
加藤哲郎　226, 229
神川彦松　62-4, 68, 230

北一輝　2
金日成　194

国崎貞洞　226

ケルゼン，H.　31, 226
ケロッグ，F. B.　130

皇后（昭和）　226
皇后（平成）　226
近衛文麿　196
小林龍夫　50, 90

サ 行

佐々木惣一　216-9
サッチャー，M. H.　228

幣原喜重郎　146, 148
篠田英朗　203
信夫淳平　22
島田俊彦　50, 90
下村宏　206
蔣介石　2
昭和天皇　198, 219, 225-6, 228
ショットウェル，J. T.　86, 93

著者紹介

片桐庸夫（かたぎり・のぶお）

1948 年生まれ。群馬県立女子大学名誉教授。法学博士。国際関係学、外交史。1990 年から 2010 年まで渋沢研究会代表を務め、引き続き顧問として今日に至る。
著書に『太平洋問題調査会の研究』（慶應義塾大学出版会、2003 年、2004 年度吉田茂賞）、『民間交流のパイオニア・渋沢栄一の国民外交』（藤原書店、2013 年）、共著に『東日本大震災後の公益をめぐる企業・経営者の責任』（現代公益学会編、文眞堂、2016 年）、『岩波講座　東アジア近現代通史』（第 4 巻、岩波書店、2011 年）、『1920 年代の日本と国際関係』（2011 年）『太平洋問題調査会（1925-1961）とその時代』（2010 年、ともに春風社）、*Hawai'i at the Crossroads of the U. S. and Japan before the Pacific War*（University of Hawai'i Press、2008 年）、『アジア太平洋戦争の意義』（三和書籍、2005 年）、『公益の追求者・渋沢栄一』（山川出版社、1999 年）他。

横田喜三郎《よこたきさぶろう》 1896–1993——現実主義的平和論《げんじつしゅぎてきへいわろん》の軌跡《きせき》

2018年 9 月10日　初版第 1 刷発行©

著　者　片　桐　庸　夫

発行者　藤　原　良　雄

発行所　株式会社　藤　原　書　店

〒 162-0041　東京都新宿区早稲田鶴巻町 523
電　話　03（5272）0301
FAX　03（5272）0450
振　替　00160 - 4 - 17013
info@fujiwara-shoten.co.jp

印刷・製本　精文堂印刷

落丁本・乱丁本はお取替えいたします
定価はカバーに表示してあります

Printed in Japan
ISBN978-4-86578-186-1

政党‐官僚関係の構造と歴史を初めて読解

政党と官僚の近代

（日本における立憲統治構造の相克）

清水唯一朗

なぜ日本の首相は官僚出身なのか？「政党と官僚の対立」という通説を問い直し、両者の密接な関係史のなかに政党政治の誕生を跡付け、その崩壊をもたらした構造をも見出そうとする野心作！

A5上製　三三六頁　**四八〇〇円**

（二〇〇七年一月刊）

◇978-4-89434-553-9

「内政における総務省」の実像に初めて迫る！

内務省の政治史

（集権国家の変容）

黒澤　良

戦前日本の支配体制の中核とされ、敗戦時のその解体が「戦後」到来の象徴として描かれてきた「内務省」。一八七三年から七四年間にわたって、近代日本の行政の中枢に君臨した内務省とは、何だったのか。内務省の権能のメカニズムと、その盛衰のプロセスに初めて内在的に迫った気鋭の政治学者による野心作。

A5上製　二八八頁　**四六〇〇円**

（二〇一三年九月刊）

◇978-4-89434-934-6

諸勢力の対立と競合のドラマ

戦後政治体制の起源

（吉田茂の「官邸主導」）

村井哲也

首相の強力なリーダーシップ（官邸主導）の実現を阻む、「官僚主導」と「政党主導」の戦後政治体制は、いかにして生まれたのか。敗戦から占領に至る混乱期を乗り切った吉田茂の「内政」手腕と、それがもたらした戦後政治体制という逆説に迫る野心作！

A5上製　三五二頁　**四八〇〇円**

（二〇〇八年八月刊）

◇978-4-89434-646-8

「行政の萎縮」という逆説

戦後行政の構造とディレンマ

（予防接種行政の変遷）

手塚洋輔

占領期に由来する強力な予防接種行政はなぜ「国民任せ」というほど弱体化したのか？　安易な行政理解に基づく「小さな政府」論、「行政改革」論は「行政の責任分担の縮小」という逆説をもたらしかねない。現代の官僚制を捉える最重要の視角。

四六上製　三〇四頁　**四二〇〇円**

（二〇一〇年一月刊）

◇978-4-89434-731-1

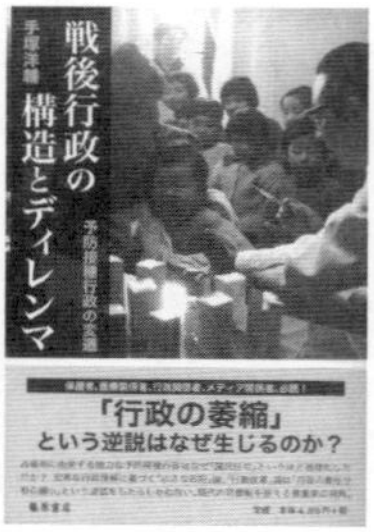